disput

Band 9

Ihr, Quelle der Ergänzung

herzlichst

Manfred Schlapp

Steckbrief der Hinterwelt

Eine Kritik
an gesellschaftlichem Fehlverhalten

Delp

Delp Druck, Bad Windsheim
ISBN 3-7689-0078-9
Printed in Germany

Inhalt

Vorbemerkung

Beginnen wir mit einer trivialen Feststellung: Wo sich Leben regt, organisiert es sich; es entsteht, vergeht und entwickelt sich unter dem Druck eines globalen Gesetzes, das sich aus dem umfangreichen Buch der Stammesgeschichte herauslesen läßt.

Das nämliche Gesetz steuert auch den Sozialisierungsprozeß der einzelnen Arten. Wo sich zwei oder mehrere Individuen im Gruppenverband organisieren und eine Gemeinschaft bilden, entwickeln sich automatisch spezifische Verhaltensmuster. Mit definierbarer Präzision ordnet sich die Gemeinschaft und bildet ein von Verhaltensnormen, Riten und Tabus gelenktes Kollektiv, in dem das Individuum seine persönlichen Wünsche und Tendenzen der allgemeinen Notwendigkeit unterzuordnen hat. Diese Respektierung des Gesellschaftsvertrages *garantiert in höchstem Maße Lebensdauer und Funktionsfähigkeit einer Gruppe.*

Dasein und Sosein alles Lebens ereignen sich in den Grenzen eines Feldes, das ein globales Gesetz markiert. Existenz und Struktur sind ebenso komplementär wie Individuum und Gruppe. Keines besteht ohne das andere. Leben bedeutet also Bindung; es ist die angeborene oder

erlernte Bereitschaft zur Subordination an die supraindividuelle Notwendigkeit.
Aus diesem Bekenntnis heraus und vor diesem Hintergrund möge die Problematik dieses Buches verstanden werden: Wissend um die Notwendigkeit von Wert- und Verhaltenscodices, die das Gedeihen und Bestehen jeder Sozietät voraussetzen, sei kritisch untersucht, ob diese Normen in ihrer formellen, rituellen oder traditionellen Übersteigerung nicht Ausdruck einer Gesinnung sind, die in diesem Buch als hinterweltlerisch *definiert wird, bzw. inwieweit die kritiklose Identifikation mit vorprogrammierten Strukturen das Verhalten einer Gruppe charakterisiert, die als* Hinterwelt *bezeichnet wird.*
Das oben erhobene Bekenntnis zur Subordination an die supraindividuelle Notwendigkeit mag bei der Lektüre der folgenden Kapitel mitunter als Farce erscheinen, besonders dann, wenn die Schärfe der Formulierung die objektive Betrachtung zu stören droht. Dieser Eindruck mag als ein Paradoxon ausgelegt werden; er rührt in erster Linie aus dem Bemühen her, alle Institutionen unserer Gesellschaft kritisch zu durchleuchten, auch wenn sie fundamentale Verhaltensnormen zu repräsentieren scheinen.
Kritisches Besinnen wird meist isoliert bewertet und vorschnell als anarchistisch, zersetzend, unkonstruktiv etc., abgewertet; es scheint aber gerade dort legitimiert zu sein, wo man sich der Notwendigkeit dessen bewußt ist, das kritisiert wird. Notwendig für die Gesellschaft sind — wie bereits gesagt — Wert- und Verhaltenscodices. Wenn diese aber zu inhaltsleeren Formeln entfremdet sind und trotzdem als absolute Gesetze weiterhin akzeptiert werden, müssen sie einer kritischen, vielleicht zersetzenden Analyse unterzogen werden.
Dem Menschen eignet, wie dem UNO-Offizier an der

Waffenstillstandslinie oder dem Wissenschaftsbeamten am Labortisch, die distanzierte Schau, aus welcher Sicht manches fraglich wird, was dem unmittelbar Engagierten in seiner unreflektierten Distanzlosigkeit als absolut und optimal erscheint. Gerade in diesem Glauben an die Totalität eigener Denk- und Verhaltensmuster offenbart sich ein fundamentales Charakteristikum der Hinterwelt, *welche aufgrund dieser Fehleinstellung wohl die Hauptschuld an den Konflikten und aggressiven Verhaltensstörungen der Menschheit trägt, dies umso mehr, als die* Hinterwelt *weder regional noch rassisch noch ideologisch abzugrenzen und zu lokalisieren ist.*

Die Hinterwelt *ist allerorts präsent, auch wenn sich die folgende Diskussion in erster Linie auf unseren Kulturraum beschränkt. Die* Hinterwelt *kann nicht mit einer bestimmten ethnischen Gruppe, sozialen Kaste oder einem ideologischen Zirkel identifiziert werden. Die Frage, in welchem Lager — »Hinterwelt« oder »Vorderwelt« — ein Mensch anzusiedeln ist, hängt einzig von einer spezifischen Haltung ab, die unabhängig davon besteht, ob ihr Präsentant schwarz oder weiß, arm oder reich, gebildet oder ungebildet etc. ist.*

Diese Haltung a priori exakt zu definieren, gelingt nicht; das Porträt des Hinterweltlers *muß in den folgenden Kapiteln allmählich Gestalt annehmen, ähnlich einem Mosaik, wenn sich Stein zu Stein fügt. Und selbst am Ende wird dieser* Steckbrief *noch ein Rudiment bleiben müssen, da die komplexe Materie nur an einem vergleichsweise bescheidenen Material veranschaulicht wird.*

Kann auch der Begriff Hinterwelt *nicht im vorhinein definiert werden, so sei doch* eine *Bedeutungserläuterung vorausgeschickt: Die geistesgeschichtliche und gesellschaftskritische Bedeutung dieses Terminus', wie er von Friedrich Nietzsche entwickelt und von Karl Steinbuch in seinem*

Buch Falsch programmiert *verwendet worden ist, liegt auch in dieser Arbeit dem Begriff* Hinterwelt *zugrunde; freilich mit der Einschränkung, daß bei Nietzsche die erkenntnistheoretische Frage im Vordergrund steht, während wir um eine Analyse jener fraglichen Verhaltensgleise bemüht sind, auf denen sich diese* Hinterwelt (HW) *bewegt.*

In der Folge wird versucht, die theoretischen Überlegungen durch exemplarische Hinweise auf Mißstände in unserer Gesellschaft zu konkretisieren. Wo es nützlich erscheint, werden im Sinn einer vergleichenden Betrachtung auch außereuropäische Kulturgemeinschaften (ethnologischer Aspekt), bzw. nicht-menschliche, d. h. tierische Verhaltensphänomene (ethologischer Aspekt) berücksichtigt. Gerade der Vergleich animalischer Verhaltensweisen mit denen der Menschen legt den Schluß nahe, wie wenig wir dem selbstgewählten Ehrenbegriff »homo sapiens« *gerecht werden, und wie sehr wir vom »Krokodil in uns« abhängig sind.*

Die axiologische Primitivität

... der werfe den ersten Stein

Recht und Ordnung heißt die Devise, welche die Monumente faschistoider Systeme ziert. Wo immer sich eine rechte, linke oder theokratische Diktatur etabliert, gelten die gleichen Gesetzmäßigkeiten: Die herrschende Ideologie ist klar und eindeutig; die Verhaltensbreite mündiger Bürger wird begrenzt; der Lebenswandel der Untertanen wird einer rigorosen Kontrolle unterzogen, das ganze Volk verschmilzt zu einer einheitlichen Gruppe, die jedem Mitglied einen definierten Platz in diesem Gemeinwesen oder eine Pritsche in einem KZ zuweist; eine strenge Zensur tritt in Aktion, welche in Wort, Bild und Ton ein Meinungsmonopol errichtet; kollektive Pflichtübungen aller Art ersetzen suspektes Privatisieren und Individualisieren; die Erziehung zur uniformen Gesinnung wird zum pädagogischen Ideal Nummer 1; der Mythos von Hymne, Fahne und Uniformrock feiert üppige Urständ; eine morsche Welt ist wieder im Lot, leere Phrasen haben wieder Inhalt, das Leben wird wieder lebenswert!
Recht und Ordnung ist eine gefährliche Devise. »Die Grenzlinie zwischen Dschungel und Zivilisation ist haarfein. Sie heißt: Gesetz und Ordnung.« So präzise definierte Sergeant Harrington aus Philadelphia, Vorsitzender der Berufsorganisation amerikanischer Polizisten, die

»law-and-order«-Ideologie der *schweigenden Mehrheit.* Ohne Zweifel eine überzeugende Formel: Kurz, prägnant — und gefährlich. Wie gefährlich, dazu erbrachte der Sergeant selbst den besten Beweis: Wenn das so weiterginge mit Demonstrationen gegen die Polizei, Pop-Festivals und milden Gerichtsurteilen, meinte er, dann werde die Polizei gezwungen »zu schießen und keine Gefangenen zu machen«. Im Namen von Gesetz und Ordnung, versteht sich. Auf der einen Seite der Dschungel: Demonstranten, Luftpiraterie, Bombenattentate etc. Auf der anderen Seite die Zivilisation: Folterung politischer Gefangener, Schüsse auf Demonstranten, Bomben und Napalm auf wehrlose Dörfer etc. So präzise und haarfein sind die Welten getrennt.

Recht und Ordnung sind eine Devise, hinter der sich — *per negativum* — die *axiologische Primitivität* verbirgt. *Axiologisch* bedeutet einen Wert, eine moralische Gültigkeit, ein ethisches Gesetz betreffend. Die *axiologische Primitivität* ist also die Einstellung eines Menschen, der die Relativität menschlicher Wertordnungen nicht erfaßt, sich an starren Denk- und Verhaltensnormen orientiert und zu keiner wertfreien Beurteilung fähig ist. Seine Welt ist von einer klaren Schwarz-Weiß-Malerei gezeichnet. Er versteht sich als Wächter und Repräsentant der herrschenden Moral, er kennt die Grenzen von Gut und Böse, er fühlt sich dazu legitimiert, zu loben oder zu tadeln; kurz, er wagt es stets, den »ersten Stein zu werfen«. Er weiß nicht, daß die Dschungelgrenze dort verläuft, wo man aufhört zu diskutieren, wo man zwischenmenschliche Konflikte mit Gewalt löst, und wo nur das Recht des Stärkeren oder Überzeugteren gilt. Für ihn gibt es nur Gerechte und Ungerechte; die Gerechten leben in der »Zivilisation«, die Ungerechten im »Dschungel«.

Die *axiologische Primitivität* ist ein Urcharakteristikum

jeder *HW*. Als »gut« empfindet sie nur das, was den andressierten Verhaltensmustern entspricht, als »schlecht«, was diesen widerspricht. Ihre Welt ist heil und im Lot, denn die Tafeln und Wegweiser der axiologischen Gültigkeiten sorgen für Ruhe und Sauberkeit. Alles jedoch, was vom gewohnten Schema abweicht, stört und wird getilgt. Da sie sich unter dem Druck anerzogener Dogmen verhält, ist das Sittlichkeitsempfinden der *HW* schlicht; ja, es ist verkümmert, weil es aufgrund von Drill, Vorurteilen und ohne den Einsatz des alternativen Denkens nie entwickelt worden ist. Was ihr anerzogen worden ist, gilt der *HW* als recht und heilig, auch wenn es stupide, unsinnig und antihuman ist. Ihr starres Weltbild bedarf keiner Korrektur, es ist absolut, und wer es verletzt oder kritisiert, wird gejagt und gesteinigt.

Diese Haltung gründet nicht allein in einem vererbten Intelligenzdefekt, denn stets muß man zwischen der *angeborenen* und der *anerzogenen* Dummheit unterscheiden. Wer dumm auf die Welt kommt, kann dafür nicht zur Rechenschaft gezogen werden. Er mag naiv, begriffsstutzig oder schwerfällig sein, aber er ist selten hintertückisch, gemein oder bösartig; er gleicht eher dem liebenswerten Gesellen *Goofy* aus Walt Disneys Tierreich. Wer aber nicht dumm zur Welt kommt, sich aber von seiner Umwelt verdummen läßt, entwickelt sich zu jenem Menschentyp, aus dem sich die *HW* rekrutiert. Anläßlich der Verleihung des Friedenspreises des Deutschen Buchhandels wies Alexander Mitscherlich mit Recht darauf hin, daß nur die Abdressur von »Glaubens- bzw. Vorurteilsantworten«, wie sie »Generation nach Generation eingeübt werden«, einen Abbau der *anerzogenen Dummheit* und damit eine Abnahme jener Aggressivität garantieren würde, welche einem primitiven Freund-Feind-Schema entspringt: der Gute, der auf unserer Seite steht, und der

Böse, der drüben steht; hier Zivilisation, dort Dschungel. Neben dem simplen Dualismus der Schwarz-Weiß-Schablone, die die Menschheit in Freunde und Feinde, Gläubige und Heiden, in gute texanische Sheriffs und mexikanische Bösewichter einteilt, erschöpft sich das axiologische Bemühen der *HW* in der unkritischen Erfüllung von Geboten und Satzungen, die in Paragraphen kodifiziert, in Stein gemeißelt oder in Dörperreimen konserviert sind:

Sei untertänig, weil das Gesetz es befiehlt!
Bete und arbeite, weil ein geheiligter Codex es fordert!
Stehe früh auf, weil das Sprichwort es lehrt!

Kalendersprüche, Beichtspiegel und Staatshymne sind die axiologischen Wegweiser, welche in das Paradies satter Rechtschaffenheit und unreflektierter Servilität führen. Indem sie dem normativen Appell ihrer Formeln Folge leistet, fügt sich die *HW* dem Druck des *kategorischen Imperativs* und meidet den Konflikt einer persönlichen Entscheidung. Der ehemalige NS-Scherge, der sich im nachhinein als ein vom System mißbrauchtes Werkzeug herauszureden gesucht hat, ist das mahnende Symbol eines Systems, das den *kategorischen Imperativ* zum göttlichen Prinzip verklärt. In treffender Weise wurden die Schlächter des NS-Regimes unter dem Begriff »Schreibtischmörder« aktenkundig, was den Formalcharakter dieser Moral unterstreicht.

Wer immer im Dienst eines jede Humanität verleugnenden Apparates als serviler Gehilfe Menschen vernichtet und über das eingeäscherte »Material« Buch führt wie der Werkmeister, der Rechenschaft ablegt über die Tonnen Kohlen, die seine Hochöfen verschlingen, marschiert in den hintersten Reihen der *HW*. Der *Hinterweltler*, der die Flucht in die Diktatur der freien Entscheidungssituation demokratischer Ordnungen vorzieht und sich lieber

von einem starren, aber *Recht und Ordnung* versprechenden System lenken läßt, meidet jede Form des persönlichen Engagements auf der Basis einer bekennenden und individuellen Verantwortungsbereitschaft.
Je älter und abgenutzter die Parolen, die den Katalog der axiologischen Weisheiten füllen, desto unausrottbarer und irrationaler ist der Glaube, mit dem die *HW* an deren vermeintlichen Wert festhält. »Morgenstund« hat selbst für diesen *Hinterweltler* noch »Gold im Mund«, der schon in zehnter Generation im urbanen Milieu lebt und den natürlichen Rhythmus des ländlichen Tagwerks allenfalls aus Heimatliedern oder Dreigroschenromanen kennt. Die Harmlosigkeit des gewählten Beispiels soll nicht täuschen, denn anstelle dieses munteren Sprichwortes können auch jene emotional hoch beladenen Phrasen treten, welche die Instinkte des *homo maniacus* wecken. Europa hat zwar in diesem Jahrhundert den Mythos von Leerformeln vor den Augen der ganzen Welt zweimal teuer bezahlt, und dennoch scheint der Triumph der Vernunft nur kurz und oberflächlich zu sein.
Gebote und Satzungen, die mit der Zeit ihre materielle Substanz einbüßen, werden durch diesen Verlust zwar zur formalen Farce, aber in den Augen ihrer Wächter immer geheiligter, je *hinterweltlerischer* die Gesellschaft ist, die die verstaubten Formeln konserviert. Da die Neufassung überlebter Schablonen und ihre Umwertung für die Erfordernisse der Zeit nur selten gelingt, hinkt die *HW* in der Beurteilung der Realität, bzw. der soziologischen Situationen, welche eine permanente Entwicklung verändert, stets um Generationen nach. Axiologische Normen, deren substantieller Wert zum Zeitpunkt ihrer Aktualität unbestritten war, verlieren daher im historischen Wandel ihre Materialität und erstarren zum formalen Wertschema und zur Leerformel.

Die Wertsysteme der *HW*, die selten dem Gebot der Stunde entsprechen, erschöpfen sich in der Regel in einem Nützlichkeitsprinzip vordergründiger Trivialität, das mit dem Mäntelchen der Moral oder der Maske der christlichen Nächstenliebe nur unvollkommen verhüllt wird. Abgesehen vom hedonistischen Belohnungsdenken der Formalchristen, die fleißig ihren Glauben »praktizieren« und gute Werke nur aus diesem Grunde üben, um das eigene Guthaben im himmlischen Konto zu mehren und es später mit Zins und Zinseszins abzuheben, offenbart auch eine Analyse emotional hoch belasteter Gebote den utilitaristischen Charakter »christlicher« Maximen.

Sogar das vierte Gebot, dessen Kraft auch nach Goethes *Wahlverwandtschaften* und im Wohlfahrtsstaat der Rentendynamik ungebrochen ist, gründet in einem bloßen Nützlichkeitsprinzip. Diese merkantile Gesinnung gründet nicht nur in der Formel » . . . auf daß es dir wohlergehe auf Erden«, sondern auch im eigentlichen Postulat »Ehre Vater und Mutter . . .«. Die beiden Teile dieses Gebotes werden durch das klassische *»do-ut-des«*-Prinzip verbunden, d. h. »ich gebe, *auf daß* mir gegeben wird«. Die Forderung »Ehre . . .« ist aus der spezifischen Situation einer Nomadenkultur zu verstehen, welche vor ca. 3000 Jahren diese Satzung mit Erfolg niedergelegt hat. Zu einer Zeit, da noch keine soziale Institution das arbeitsunfähige und pflegebedürftige Alter schützte, war es eine Frage des nackten Überlebens, daß man sich rechtzeitig die Sicherung in der eigenen Familie verschaffte. Deshalb mußte den Kindern von klein auf und nachdrücklich ein Schuldkomplex den Eltern gegenüber und ein Angstkomplex vor der eigenen Zukunft andressiert werden, damit die Zeit der parentalen Arbeitsunfähigkeit durch das Pflegeverhalten der Nachkommenschaft überbrückt wurde. Welchen Mißbrauch die *HW* mit dem Gebot »Ehre Vater und Mutter« getrieben hat, läßt sich aus jenem legalisierten Sadismus ersehen, den der »christliche« Vater, der Gottes unsichtbare Rolle als metaphysische Zuchtrute auf Erden vertritt, zu allen Zeiten mit dem Hinweis getarnt hat: Er wolle für die Kinder nur das Beste!

Den Realitäten gerecht zu werden, gelingt keiner *HW*, da sie die Welt nicht durch die Brille wertneutraler Betrachtung, sondern im verzerrenden Spiegel des Vorurteils oder stupider Dogmen sieht, denen auch mit sachlichen und objektiven Argumenten selten beizukommen ist. Resigniert meinte einst Albert Einstein: »Es ist leichter, ein Atom zu zertrümmern als ein Vorurteil.« Geblendet vom Mythos ihrer »heilen und sauberen« Welt, die von vorprogrammierten Denk- und Verhaltensnormen im Lot gehalten wird, versperrt sich die *HW* den Zugang zu jener rationalen Wertbeurteilung, die sich ohne ideologische Defekte und ohne den Druck des kollektiven Nonsens entwickelt. Insgesamt gesehen, kann die Moral der *HW* als Flucht vor der Wahrheit und als Summe der herrschenden Vorurteile definiert werden.

Da er die Sicherheit vorprogrammierter Ordnungen schätzt und die Mühe einer individuellen Daseinsbestimmung scheut, nistet der *Hinterweltler* mit Vorliebe im grauen Kasernengemäuer der Uniformität und im unwirtlichen Hospiz ideologischer Verdummung. Man kann sich wie ein Chamäleon einnischen, erlebt die Geborgenheit der Solidarität und braucht sein Verhalten nicht selbst zu steuern. Die axiologischen Bezugspunkte sind durch starre Normen definiert; die »moralischen« Werte sind in geheiligte Codices eingegossen; dogmatische Formeln sichern die ideologischen Fundamente. Weil die *HW* vom lebendigen Geist einer Idee nicht zu zehren vermag, neigt sie dazu, jedes ideologische oder weltanschauliche Konzept zu instituionalisieren, bei welchem Erstarrungsprozeß die Diktatur der Entmündigung und der Intoleranz beginnt.

Die Atheisten sind, haben sie sich einmal organisiert, genauso farblos und intolerant wie inkorporierte Theisten. Vom Prager Atheistenverein ist bekannt, daß ein Mitglied *coram publico* gerügt wurde, weil es sich nach einer Sitzung mit »a dieu« verabschiedet hatte. Die Primitivität dieser Rüge ist nur aus der Starre einer Institution zu verstehen, die eine Idee sosehr zur hohlen Ideologie entfremdet hat, daß diese zum Nährboden einer repressiven Moral geworden ist. In dieser Phase eines Institutionalisierungsprozesses steht ein weltanschauliches Konzept bereits voll unter der Kontrolle der *HW*.

In jeder Sozietät, die von einer institutionalisierten Ideologie und von starren Verhaltensnormen gesteuert wird, entwickelt sich eine Gesinnung, welche den Grundidealen des Humanismus widerspricht. In einer solchen Gesellschaft leidet der einzelne an ideologischen Defekten, akzeptiert unkritisch die verabsolutierten Gültigkeiten und revidiert die Kulturmuster nicht, die seine Umwelt prägen. Leicht läßt er sich von Pogromstimmungen verführen und verfällt schnell jenem pathologischen Haß auf das »Anders-Sein«, zumal in einem solchen Gemeinwesen die axiologischen Bezugspunkte und »moralischen« Werte in der Regel durch die Deklassierung des Nächsten gewonnen werden.

Eine Reise um den Erdball lehrt, daß die Voraussetzungen für ein humanes Leben noch lange nicht erfüllt sind. Überall herrscht der Geist ideologischer und dogmatischer Verblendung, der jeden kosmopolitischen Humanisierungsprozeß mit Erfolg verhindert. In diesem Zusammenhang wäre es durchaus reizvoll, die fernöstliche *HW*, die chinesische oder die indische, zu analysieren, doch muß aus Gründen der thematischen Begrenzung davon Abstand genommen werden. Diese Beschränkung ist umso leichter zu verzeihen, da die *HW* weder geographisch noch historisch lokalisierbar ist. Dies bedeutet jedoch nicht, daß es in den verschiedenen Kulturräumen keine quantitativen oder qualitativen Nuancierungen gäbe. Gerade der Blick in die fernöstliche *HW* läßt Gefühle der Beklemmung entstehen, die nicht in einer Furcht vor der Masse gründet, sondern im Unbehagen über die intellektuelle Struktur; fanatische Hingabe an verabsolutierte Ideologien, bzw. an affektive Glaubenssysteme, Haß, Intoleranz, blinder Eifer ...

Da die *HW* keine kritische Distanz zu ihren Kulturmustern kennt und sich dem kollektiven Verhaltensdruck willig fügt, tritt sie als uniform organisierte Gruppe in Erscheinung, die auf sämtliche Aktionen in prognostizierbarer, weil stereotyper Weise reagiert. Daß sich auch in diesem Punkte die linke *HW* kaum von der rechten *HW* unterscheidet, haben eine Reihe soziologischer Analysen bestätigt. Der uniforme Habitus und die Verhaltensstereotypien des NS-Regimes gleichen im Prinzip denen des Mao-Reiches genauso wie denen theokratischer Diktaturen. In den streotypen Denk- und Verhaltensweisen zeigt sich ein Grundzug jeder *HW*, egal ob sie im Osten oder im Westen siedelt. Zwar sind diese Stereotypien im »freien« Westen nicht ideologisch determiniert, dafür kommen sie in den Konsumgewohnheiten der Masse zum Ausdruck, die sich von der Konsumgüterindustrie und von Meinungsmonopolen zum unkritischen Konsumenten dressieren läßt.

Wo immer sich die *HW* formiert, egal ob in China oder in Lateinamerika, ob in staatlichen oder kirchlichen Institutionen, ob auf der Straße oder im Heim, stets gilt nur mehr eine Meinung, eine Norm, ein Verhalten, ein Empfinden etc. Rasch wird das Recht auf Alleinvertretung laut und schnell beginnt der Prozeß der Verabsolutierung, der alle Bereiche des Lebens erfaßt: das »gesunde Volksempfinden« wird zur Norm, über die hinaus keine Variante vorstellbar ist; die »Volksseele« entartet zum Supercode, der als Ausdruck eines übernatürlichen Willens verstanden wird; das »Volk« verklärt sich zur heiligen Nation, die sich um einen zwar selbst konstruierten, aber schnell mystifizierten Nullpunkt gruppiert ect., mit einem Wort, die axiologischen Strukturen verkrusten zu geheiligten Formeln, die vor jedem korrigierenden Einfluß bewahrt werden.

Da die eigenen Kulturmuster als absolute A-priorien begriffen werden, die keiner kritischen Korrektur bedürfen, verteidigt die *HW* die Brückenpfeiler ihrer dämonisierten Meta-Welt mit dem blinden Eifer des Distanzlosen. Ihr Glaube an ihre Unfehlbarkeit und an den Absolutheitscharakter ihres So-und-nicht-anders-Seins bestärkt sie in ihrem Bemühen, ihre vorprogrammierten Denk- und Verhaltensnormen, ihre Leerformeln und überlebten Wertschablonen auch der Welt von Morgen ungeprüft und unmodifiziert weiterzugeben.

Ohne ihre axiologischen Bezugspunkte auf ihre relative Gültigkeit hin zu untersuchen, vergeudet die *HW* wertvolle ideelle, materielle und personelle Energien damit, ihre Denkmodelle, ihre Moral und Wertmaßstäbe, kurz, ihre Ideologie, die jenseits der Wirklichkeit angesiedelt ist, zu konservieren und sie vor jeder rationalen Kontrolle zu bewahren.

Mit Erfolg beherrscht die *HW* die Erziehungspolitik, die Publizistik und die Massenmedien, um die Mitbürger in der gewünschten Weise einseitig zu programmieren und die Entstehung konkurrierender Denkweisen zu verhindern. Dadurch ist sie in der Lage, ihre dominierende Rolle zu verewigen, die Gesellschaft unmündig zu halten und ein intellektuell gleichgeschaltetes Meinungsmonopol zu errichten. An die Stelle der sachlichen Diskussion tritt das vorfabrizierte Diktat, anstelle des verstehenden Mitfühlens herrscht der Geist der Intoleranz, des Hasses und der Rache.

Die makabre Selbstgefälligkeit der *HW*, die mit Vorurteilen, Gebetbuch und vergötterten Rechtsideen bewaffnet das Kainszeichen auf der Stirn des Nächsten sucht, kennt kein eigenes Versagen, kein Fehl und keine Schuld, denn in ihren Reihen wohnen Recht und Richtigkeit, während das auszumerzende Böse in den Andersartigen projiziert wird. Je klotziger der Balken im eigenen Auge, der den Blick des distanzierend Messenden trübt, desto ungehemmter wütet die Gier, die störende Rolle des anderen zu tilgen.

Die Beliebtheit von Zimmermanns Fernsehreihe *Aktenzeichen XY - ungelöst* ist daher kein Zufall. Ohne Mühe kann Menschenjäger Zimmermann das Jagdfieber der TV-Polizisten anheizen und wahre Pogromstimmungen entfesseln. Der Aberglaube, ein Teil der »guten« Mehrheit zu sein, und die Freude an der Vernichtung der »Bösen« beflügeln die Euphorie jener *HW*, die in neurotischer Regelmäßigkeit am Fernsehschirm ihre leicht lädierte Welt von einem *deus ex TV-machina* immer wieder gerettet und geheilt sieht.

Der Ruf nach Strafe, die oft Unschuldige trifft, und die Wollust an der Pein ihrer Prügelknaben befriedigen das unterbewußte Minderwertigkeitsgefühl moralisierender Halbexistenzen, aus deren Reihen sich die *HW* rekrutiert. Die Todesstrafe, Zeugnis des Rachegedankens aus einer finsteren Zeit, evoziert in jenen Ländern, in denen sie noch heute praktiziert wird, die Kritik aller Intellektuellen, die sich von der *axiologischen Primitivität* distanzieren. In jenen Staaten aber, in denen der Henker zum Staatspensionär oder brotlos geworden ist, findet die Todesstrafe immer wieder das Wohlgefallen jener Gruppen, die ihrem faschistoiden Erbe treu geblieben sind und für »Recht und Ordnung« streiten.

Wo heute noch die Geschworenen, Hüter des Rechtes und Verteidiger des Guten, für das lebenbedrohende *guilty* stimmen, entscheiden sie in blinder Rache. An die Stelle des Psychiaters oder Soziologen tritt der Henker; helfendes Verzeihen muß der intoleranten »Einsicht« der »Guten« weichen. Der französische Regisseur Claude Lelouch hat in seinem Film *Das Leben, die Liebe, der Tod* am Leidensweg eines temporär Impotenten, der zum Mörder wurde, in überzeugender Weise die *axiologische Primitivität* jener demonstriert, die sich zur Guillotine bekennen.

Aus der *axiologischen Primitivität,* die die Wertmaßstäbe nur unter einem — dem jeweils gültigen und gewohnten — Aspekt bestimmt und festlegt, resultieren nicht nur moralische Alleinvertretungsansprüche und die Verurteilung jener Individuen und Gruppen, die nicht dem Normverhalten entsprechen. Sie bestimmt vielmehr *per negativum* das gesamte Weltbild, die Einstellungsmuster und Ziele einer Gesellschaft. Sie trägt im Prinzip die Verantwortung für alle Verhaltensstörungen, welche den *Steckbrief der Hinterwelt* füllen.

Wo daher die *HW* die axiologischen Strukturen definiert und überwacht, hindert sie eine Gesellschaft daran, ernsthaft über ihre eigentliche Situation nachzudenken und die Weichen für eine bessere Zukunft zu stellen. In der letzten Konsequenz verführt sie die Menschen dazu, ihre Energien, Intelligenz und Hoffnung jenseits der Wirklichkeit zu vergeuden, anstatt die Menschen dazu anzuhalten, ihre Kräfte und Möglichkeiten in einer unverfälschten »Vorderwelt« zu entwickeln, um erfolgreich, friedlich und human zu leben.

Um der Diktatur der *HW* ein Ende zu setzen, müßte eine Friedensuniversität, die sich dem Studium zwischenmenschlicher Beziehungen widmet, bzw. Konflikte zu beherrschen und Aggressionen abzubauen bestrebt ist, ein Bildungsprogramm und eine -ideologie entwickeln, die auf Konrad Lorenz' *Predigt der Humilitas* aufbaut und auf breiter Basis ein tolerantes und verstehendes Denken fördert. Mit dem Schwinden der Intoleranz verlieren verabsolutierte Wertsysteme, irrationale Ideologien oder affektgeladene Mythologien automatisch ihre aggressionsfördernde Substanz, da sich der tierische Ernst des blinden Eifers in der Distanz sokratischer Selbstironie auflöst.
Aus der vergleichenden Schau des Verhaltensforschers und Humanethologen verlieren die Denk- und Wertmodelle der diversen Kulturen und Subkulturen ihren absoluten Charakter und enthüllen ihre vordergründige Relativität. Ein den Frieden garantierender Kosmopolitismus kann (unter Ausklammerung der biologischen und genetischen Realitäten) erst dann reifen, wenn die Majorität einer Gesellschaft im wertneutralen Denken geschult und deren Bewußtsein von einem kritischen Rationalismus programmiert worden ist.

Die verabsolutierte Situation

Die Metaphysik des Natürlichen

Wenn immer sich eine Gesellschaft in einer *HW* etabliert, so lassen sich an diesem Prozeß der Erstarrung zwei typische Verhaltensreaktionen ablesen: Die Abkapselung nach außen hin und eine Stabilisierung der inneren Struktur. Die Abkapselung nach außen, bzw. eine frei gewählte oder erzwungene Verharrungsbereitschaft an einem Orte läßt sich als *stabilitas loci* umschreiben, während die Stabilisierung der inneren Struktur im wesentlichen darauf beruht, daß man auf jedes vom gewohnten Schema abweichende Informationsangebot verzichtet. Dieser Verzicht auf neue Information nährt die *immobilitas animi*, jene Geisteströgheit, unter deren Druck der Ehrgeiz wächst, die eigenen, gewohnten Lebensnormen, Verhaltens- und Wertkategorien ohne modifizierende Veränderung weiterzugeben und vor jedem äußeren Einfluß zu bewahren.

Aus der engen Sicht einer solchen Scheuklappenperspektive gewinnt die eigene Lebenssituation immer mehr an Absolutheitscharakter. Man glaubt ein Monopol zu verwalten und beginnt, das eigene Da- und Sosein zu verabsolutieren. Dabei erstarrt eine solche Gesellschaft zu einem unbeweglichen Kollektiv, das einer gemeinsamen Ideologie huldigt und den Nullpunkt ihres Systems mit Symbolen wie Hakenkreuz, Halbmond oder Sichel und Hammer fetischisiert.

Sowie eine *HW* über einen entsprechenden Schatz starrer Denk- und Verhaltensmuster verfügt, an deren Absolutheitscharakter sie nicht länger zweifelt, so entwirft sie eine sogenannte *Metaphysik des Natürlichen.* Der Begriff *Metaphysik des Natürlichen* besagt folgendes: Sind einmal bestimmte Normschemata zum Kulturbesitz geworden, so setzt jener irrationale Prozeß ein, der diese normativen Muster zu natürlichen Prinzipien verfremdet. Einer solchen *Metaphysik des Natürlichen* bedient sich mit Vorliebe das kirchliche Lehramt.

In der Traktatenliteratur, die in Kirchen zum Verkauf aufliegt, als auch in den Enzykliken der offiziellen Amtskirche finden sich Phrasen wie »gemäß der göttlichen Ordnung, aufgrund des ewigen Gesetzes Gottes, nach Gottes ewigem Willen, aufgrund des natürlichen Gesetzes etc.« ist etwas so und nicht anders. In diesen Formulierungen kommt eine behauptete Metaphysik zum Ausdruck, welche die *HW* willkürlich in ihre selbst konstruierte Welt hineininterpretiert.

Da die HW zwischen jenen Normen, die kulturell, historisch oder soziologisch bedingt sind, und den wirklich natürlichen Prinzipien nicht zu unterscheiden vermag, verwaltet sie ihren normativen Besitz mit dem tierischen Ernst illusionärer Irrationalität. Weil ihr Kulturbesitz mittels einer vorrationalen Ideologie gesichert ist, fällt es der *HW* leicht, ihr Ordnungsbestreben mit einem divinen Willen zu rechtfertigen und ihr aggressives Verhalten gegenüber den »A-Nomalen« mit metaphysischen Argumenten zu rationalisieren. Mit besten Gewissen — weil vom Gott ihrer Mythologie so gewollt — attackiert daher die *HW* jene Gruppen, die sich anderen Denk- und Verhaltensnormen verpflichtet fühlen.

Befangen in ihrer kleinen Welt fehlt der *HW* jene Fähigkeit zur globalen Schau, aus der heraus jedes absolute Gesetz fraglich wird. Die *HW* weiß nicht um die Relativität ihrer Denk- und Wertkategorien, sie weiß nicht um ihre historische und geographische Zufälligkeit, vielmehr nährt sie den Aberglauben ihrer gottgewollten Einmaligkeit, aus welcher Einbildung jenes fatale Alleinvertretungsrecht resultiert, dessentwegen die Geschichte des Abendlandes mit Blut und Tränen geschrieben ist.
In der *splendid isolation* der *HW* bilden sich die typischen Verhaltensmerkmale arroganter Überheblichkeit und blinder Selbstherrlichkeit heraus. In dieser Befangenheit reagiert der *Hinterweltler* auf neue Impulse und Reize mit nervösem Unbehagen, während er im gewohnten Reizmilieu sattes Behagen signalisiert. Stolz nennt sich der *Hinterweltler* einen eingesessenen Bürger, der seit Generationen ohne Veränderung der vertrauten Szenerie und ohne Erweiterung des Horizontes denselben Fleck geheiligter Heimaterde besiedelt und seine kleine Welt nur aus der Froschperspektive eines einzigen Aspektes kennt. Der eigene Nestgestank reifte ihm sosehr zum süßen Aroma, daß ein Hauch frischer Luft seine geistigen Schleimhäute mehr reizt als der Geruch herben Stalldungs die Riechorgane eines Städters. Unter dem Diktat der *stabilitas loci* und der *immobilitas animi* verewigt der *Hinterweltler* die kulturellen Fehlleistungen seiner Gruppe und akzeptiert die Ordnungen, in die er hineingeboren wurde, als absolute Strukturen, die umzuformen oder zu modifizieren er für sinnlos, ja frevelhaft erachtet.
Erblickt er bei den Hopi-Indianern das Licht der Welt, so wird er ein treuer Stammesangehöriger, der sich nach den ehernen Gesetzen tradierter Vätersitte verhält. Würde der gleiche Mensch östlich des Eisernen Vorhanges geboren, so hielte er die Gebote und Satzungen der unfehlbaren Partei

für heilig. Würde er im Schoße der Mutter Kirche geboren, so erachtete er alle als Heiden oder Atheisten, die sich nicht dem Einmaleins des Katechismus unterwerfen. Lauschte er in seiner Kindheit den Worten des Propheten, so gälte ihm das Schwein als unrein. Stünde dagegen seine Wiege im fernen Indien, so scheute er sich, den Zorn geheiligter Kühe auf sich zu laden.

Obwohl das Milieu, in das der *Hinterweltler* hineingestellt wurde, bloß eine geographisch-historisch-kulturelle Variante von unzähligen Möglichkeiten darstellt, hält er es für ein schicksalhaft vorgeprägtes Absolutum und schickt sich in es, ohne die Eigengesetzlichkeiten seiner Persönlichkeit zu entfalten. Ferner nährt sein Unverständnis für das Verhalten anderer Völker und Kulturen jene fatale Illusion der *splendid isolation*, welche im Monopoldenken und im Alleinvertretungsrecht der *HW* gipfelt. Einen Beitrag zum Abbau dieser hinterweltlerischen Absolutismen, welche die eigenen Denk- und Verhaltensnormen zu heiligen Satzungen mystifizieren, über die hinaus keine Variante denkbar ist, lieferte die vergleichende Völkerkunde.

Die Forschungsergebnisse der Ethnologie, die von Anfang an für die breite Masse des gebildeten Laien formuliert worden sind, machen die potentielle Verhaltensbreite des Menschen deutlich und offenbaren die Relativität der in Ort und Zeit differierenden Verhaltensgesetze, welcher Relativismus in der Mondo-Cane-Welle ihren makabren und plebiszitären Ausdruck fand. Als ein typisches Beispiel verabsolutierter Meinungen dürfen die verschiedenen Kulturmuster von Mann und Frau, der Urzelle und Urgruppe jedes Gesellschaftsverbandes, gewertet werden.

Margaret Mead hat an den Verhaltensweisen von Mann und Frau, wie sie in den diversen Hoch- und Primitivkulturen festgelegt sind, die relative Gültigkeit von kulturellen Normen aufgezeigt. Das vielgepriesene Ewig-Männliche und Ewig-Weibliche ist auf wenige physiologische Fakten reduzierbar, deren psychische Entsprechungen wenig Kriterien für die Annahme eines universell gültigen und daher angeboren Mann-Frau-Schemas liefern.

»Der Unterschied zwischen Mann und Frau«, meinte Mr. Celler, Vorsitzender des Rechtsausschusses im US-Repräsentantenhaus, »ist immer noch größer als der zwischen einer braunen Roßkastanie und einem kastanienbraunen Roß«. Was über typisch andromorphe und gynäkomorphe Verhaltensweisen, bzw. über die Rollenverteilung der Geschlechter behauptet wird, ist in erster Linie auf den Einfluß des Milieus und der kulturellen Umwelt, nicht aber auf ein angeborenes, von übernatürlichen Kräften entworfenes Programm zurückzuführen. Die jeweilige Dressur prägt entscheidend die Aufgaben, Stellung und Rollen der Geschlechter, denn das Verhalten von Mann und Frau ist primär das Ergebnis eines Lernaktes.

Die Ethnologie kennt Gesellschaftsformen rein matriarchalischer Struktur, die wie in einem Spiegel unsere traditionell patriarchalische Gesellschaft polarisieren: Die Frau jagt und sammelt, sorgt für den Lebensunterhalt, verteidigt die Sippe gegen Angriffe von außen; sie ist der aggressiv-aktive Pol des Stammes, während der Mann das passive Prinzip verkörpert, indem er im Stil des »gutchristlich« dienenden Weibes hegt und pflegt, das Feuer nährt und die Kinder hätschelt. Das Schmücken und Schminken, in puritanischen Subkulturen selbst bei Frauen nur geduldet, ist dort alleiniges Recht des Mannes. Er verkörpert das »klassisch« gynäkomorphe Prinzip, während die Frau alle Züge eines Schlegelschen Andromorphen aufweist. Die Identifikation mit dem anderen Geschlecht geht soweit, daß die Frau die Geburt, die aus physiologischen Gründen vom Mann nicht abgenommen

werden kann, in möglichst ausdrucksloser Weise durchführt, während der Mann die Rolle einer hysterisch Kreißenden übernimmt, wobei sämtliche Verhaltensdetails (sich Winden, Stöhnen, Schreien, sich Festklammern etc.) bis ins Groteske verzerrt und übersteigert werden.
Die vergleichende Forschung der Völkerkunde und Humanethologie hat mit einem überzeugenden Forschungsmaterial bewiesen, daß die Liste der Verhaltensweisen, die nur der Frau, bzw. nur dem Mann eignen, bei weitem nicht dem Umfang der traditionellen Geschlechtsideologie entspricht. Das Studium patriarchalischer und matriarchalischer Kulturen legt den Schluß nahe, daß die Priorität des Mannes, wie sie in der jüdisch-christlichen oder islamischen Gesellschaft postuliert wird, nicht als absolutes Gesetz zu sichern ist. Wie sehr dieses Vorurteil noch heute im Denken der klerikalen *HW* lebendig ist, beweist die Zitatensammlung von Hannes Schwenger, der die kirchliche Traktatenliteratur unter dem Aspekte des Geschlechterproblems untersucht hat.
Josef Hünermann (*In Liebe vereint*) zitiert auf Seite 6 seines Elaborats den heiligen Paulus (1. Kor. 11, 7) und nennt den Mann »in besonderer Weise einen Abglanz der Macht und der Herrlichkeit Gottes.« Mit dieser Formulierung charakterisiert der Autor, ohne es zu wollen, die 2000 Jahre dauernde Fehlentwicklung einer Institution, die das maskuline Prinzip planmäßig vergötterte, die Frau jedoch zur Gebärmaschine degradierte, als die sie in Demut und Unterwürfigkeit dem »Abglanz Gottes« stets zu Diensten zu sein hat. Wider jede wissenschaftliche Erkenntnis wird noch immer in den kirchlichen Kleinschriften eine Sexualideologie vertreten, die den meisten Zeitgenossen noch aus der nationalsozialistischen Ära vertraut ist: die Frau als Matrone am Herd, als entrückte Statue im Bett, als breithüftiger Zeugungsapparat, der,

mit einem farblosen Maxi-Kleid verhüllt und von einem Haarknoten entstellt, über reifende Felder schreitet, begleitet von einem Dutzend fröhlich gezeugter Kinder, die von den Höhepunkten weiblichen Liebesglücks, der Empfängnis und der Geburt, Kunde geben.

Auch das Schema des Mannes und seines Verhaltens ist sattsam bekannt und braucht nicht nachgezeichnet zu werden. Folgende Zitate, in denen fromme Traktatenschreiber die »Natürlichkeit« von Mann und Frau dokumentieren, sind der Arbeit Schwengers entnommen: »Für ihn sind 2 x 2 = 4, immer und überall. Für die Frau dagegen sind 2 x 2 nie genau 4, sondern je nach den Umständen bald 3,9, bald 4,1 bald 4,15« (Th. Bovet, *Die Ehe — Das Geheimnis ist groß*, p. 26); »Der junge Mann, der wirklich männlich ist, meidet die bequemen Wege und die billigen Lösungen; wenn er auf den Berg steigt, klettert er lieber über die Felsen, als dem breiten Weg zu folgen, und in der Schule will er sich lieber den Kopf heißrechnen als die Lösung beim Nachbarn abschreiben« (Th. Bovet, *Von Mann zu Mann*, p. 24). »Während der Mann eine Sexualität kennt, die ihn umhertreibt wie Hunger und Durst, daneben ein erotisches Verlangen, das ihn zu unverbindlichen Abenteuern anregt, und schließlich von diesen ganz getrennt — eine tiefe Liebessehnsucht, die aber vorläufig keine Antwort findet, sind beim Mädchen diese drei Gefühle untrennbar miteinander verbunden«, (Th. Bovet, *Soldat und Liebe*, p. 12).

»Die Frau ist der Hort des Glaubens und der Wahrheit ... Die reine Frau besitzt das sichere Gespür für das Göttliche und Widergöttliche, und Väterbrauch, Vätersitte und Väterglaube wird im allgemeinen durch die Hand der Mutter weitergegeben« (Franz Kastner, *Das siebente Sakrament*, p. 59); » ... daß bei einer edlen Frau der Trieb nach der körperlichen Vereinigung und dem damit ver-

bundenen Lusterlebnis im allgemeinen fast schweigt und statt dessen der Wunsch nach seelischer Hingabe und nach dem Kindlein im Vordergrund steht . . .«(ibidem, p. 13); »Sittlichkeitszentrum der Familie . . . ist die Frau . . ., indem sie das heilige Feuer der reinen ehelichen Liebe hütet, daß seine Flammen immer wieder zu Gott empor schlagen und nicht im Qualm der Sinnlichkeit ersticken; indem sie durch ein reiches Maß an Würde, Ehrfurcht und Sittsamkeit den Mann erlöst von der Maßlosigkeit des rein triebhaften Verlangens, indem sie zwar in allem, was recht ist, sich aber mit schlichter Selbstverständlichkeit ihrem Mann schenkt, aber ohne Preisgabe ihres letzten Persönlichkeitskernes und ihrer feinen Sittsamkeit, denn im Tiefsten muß die Frau noch immer Jungfrau bleiben, d. h. Christi eigen und die Hüterin heiliger Zucht. Die reine heilige Frau zertritt in der Kraft ihres großen himmlischen Vorbilds die Schlange der Lüsternheit, die sich immer wieder in das Paradies der Ehe einschleichen will.« (Franz Kastner, *Das siebente Sakrament*, p. 57).
Und zum Abschluß: »Das Hauptziel der Ehe ist der Kindersegen. An zweiter Stelle soll sie Ausdruck der gegenseitigen Neigung sein.« (Schilgen-Mertens, *An heiliger Schwelle*, p. 9). »Wie gelangen die Samenfäden zur Eizelle im Schoß der Mutter? Das geschieht durch die Liebe zwischen verheirateten Menschen.« (Robert P. Odenwald, *Der wunderbare Lauf des Lebens*, p. 19). Die Liste solcher Zitate könnte beliebig verlängert werden, würde nicht die geistige Uniformität dieser Weisheiten den Leser über Gebühr belasten. Ob hinter diesen Schriften eine simple Naivität der Autoren oder die demagogische Tendenz bewußter Verdummung steht, sei dahingestellt.
Die *HW* kennt eine klar definierte Rollenverteilung der Geschlechter und interpretiert das Wesen von Mann und Frau nach Formeln, die von »Gottes natürlicher Ord-

nung« zeugen, in Wirklichkeit aber aus der historisch-kulturellen Situation zu erklären sind. Die Inferiorität und soziale Abwertung der Frau, bzw. der Primat des Mannes sind die markanten Überreste aus dem Erbgut unserer patriarchalischen Kultur. Er ist Rationalist und Skeptiker, sie ein Opfer emotionaler Verirrungen; der Mann denkt, die Frau fühlt. Beide verhalten sich nach dem Reglement einer vorprogrammierten Rollenverteilung, die selbst das Verhalten im Intimraum steuert: Er ist *incubus,* sie *succuba;* er quält, sie leidet; er tritt, sie stöhnt.

Der Mann trägt das Haar kurzgeschoren, raucht und säuft, fährt schnelle Autos, macht Geschäfte, mordet im Dienst einer Ideologie und freut sich an Zoten; die Frau ist langhaarig, meidet flüchtige Genüsse, bewegt sich zwischen Kirche, Küche und Kindern, hegt und pflegt, dient ihrem Gebieter und verfolgt das Geschehen in der großen, bösen Welt nur durchs Stubenfenster. Er dagegen treibt Politik und spielt die dominante Rolle im öffentlichen Leben, aus dem die Frau, deren Wirkungskreis mit Haus und Hof beschränkt ist, ausgeschlossen ist. Das Vorurteil, die Frau sei ein politischer Idiot, ist im Denken der *HW* so tief verwurzelt, daß es noch in den breitesten Kreisen als *self-fullfilling prophecy,* als eine sich automatisch erfüllende Erwartung, lebendig ist, wie es die Soziologen nennen.

Bayerns 10—15jährige Schüler lesen noch heute in einem der ganz »neuen« Lesebücher — WIR LESEN —, wie es um die Frau bestellt ist:

»Komm, sagt die Mutter, zur Welt, Kind.
Ich will dich nähren.
Warum wir auf dieser Welt sind,
kann ich dir nicht erklären.

Das sagt dir der Vater, morgen,
oder irgendwann.
Ich habe zu tun und zu sorgen,
mich geht's nichts an.«

In den meisten Kantonen der Schweiz blieb den Frauen, die immer noch als politische Idioten galten, das Stimmrecht bis zur Volksabstimmung vom 7. 2. 71 vorenthalten. Das gleiche Vorurteil gegen die Frauen besteht auch in Liechtenstein, wo man 1968 eine erste Volksabstimmung durchführte, um die politische Mündigkeit der Frau per Plebiszität festzustellen. Der Volksentscheid viel negativ aus. Eine Analyse der Stimmen erbrachte die interessante Tatsache, daß eine große Zahl der Nein-Stimmen von Frauen abgegeben worden war. Da seit Jahrhunderten auf eine Rolle dressiert und in vorprogrammierte Verhaltensbahnen kanalisiert, erschien vielen Wählerinnen die Möglichkeit des politischen Mitentscheidens und Mitbestimmens als sinnlos. Kommentar einer eingesessenen Bürgerin: »Die Frau gehört an den Herd. Politik ist Männersache.« Trotzdem bemühte sich Liechtenstein um eine Klärung dieser Frage.
Die Diskrepanz zwischen tradierten Denk- und Verhaltensmustern und den Postulaten der Modernität schafft jenes konfliktgeladene Klima, in dem eine Jugend, die nur mangelhaft im kritischen Differenzieren geschult wird, zum Entsetzen der älteren Generation in unreflektiertem Destruktionsverhalten entartet. Die rasche Evolution der Gesellschaft zwingt die Individuen zu immer neuen ökologischen und soziologischen Veränderungen, so daß die kulturellen Verhaltensnormen immer schneller veraltern und der Glaube an den Wert der eigenen Kultur stark erschüttert wird. Der junge Mensch entwickelt zwar mit Beginn der Pubertät die phylogenetisch angelegte Fähig-

keit, überlieferte Riten und Verhaltensnormen zu revidieren und sie neuen Verhältnissen anzupassen. Diese Fähigkeit wird aber mehr und mehr überfordert, so daß die Jugend dazu neigt, aufgrund eines leicht einsehbaren Defensivmechanismus alle Traditionen in Bausch und Bogen zu verwerfen, zumal dort, wo die Kluft zwischen hinterweltlerischen Vorstellungen und der aktuellen Realität am meisten klafft.

Die *skeptische Generation* der Nachkriegsjugend spürte schon lange die unerquickliche Diskrepanz zwischen der vorprogrammierten Rollenverteilung von Mann und Frau, welche unkritische Generationen unmodifiziert übernommen und ihren Kindern andressiert hatten, und der tatsächlichen Situation der Geschlechter in einer pluralistischen Gesellschaft. Der junge Mann wollte sich nicht länger in die Rolle des kurzgeschorenen Sadisten und Aktivisten, das Mädchen nicht länger in die Rolle der von Wollröcken entstellten Masochistin und Magd zwängen lassen. Der kulturell gesteuerten Situation von *Male* und *Female* eignete solange ein absoluter Charakter, bis ihn die heutige Jugend in Frage stellte.

Die erste Reaktion: Der Teenager wurde zum Zwitter, die Grenzen von Maskulin und Feminin verschwammen, ein erster totaler, aber gesunder Protest der Jugend gegen die verabsolutierte Geschlechterideologie ihrer Vorfahren. Der »Jungmann« ließ die Haare wallen und bemalte seinen Teint mit Blumen und Blüten; die »Jungfrau«, vom Streben nach Emanzipation schon längst geprägt, ließ allenfalls an den Formen ahnen, wessen Geschlecht die Hose verbarg. *Male* und *Female* wollten nicht länger zwei getrennte Prinzipien verkörpern, weder im Denken noch im Verhalten, und so erfanden sie die demonstrative Figur des geschlechtsneutralen Zeitgenossen, dessen Habitus bewußt auf die vorprogrammierten Geschlechtersymbole verzichtete. Die Protesthaltung des modernen Zwitters erregte vor allem dann den Unmut der älteren Generation, wenn der eigene Sohn, Sproß eines »heroischen« Geschlechtes, als Mädchen verkannt wurde.

Das Beispiel von *Male and Female*, dem Buch von M. Mead, ist typisch für ein Urcharakteristikum der *HW:* die Normisierung und Tabuisierung überlieferter Vorstellungen und Verhaltensweisen bis zum invariablen Absolutum, das zum geheiligten Nomos gedeiht, und mangels modifizierender Revision zur *self-fullfilling prophecy* erstarrt. Wo immer sich die Jugend zur Protestaktion formiert — sofern diese nicht als bloße *l'art pour l'art* vorgetragen wird — gilt die Attacke einer Institution, die in hinterweltlerischer Abgeschiedenheit ihre Strukturen konserviert und verabsolutiert.

Doch die Kritik an der Geschlechterideologie der Vergangenheit ist nicht die einzige Attacke, die die Jugend gegen verabsolutierte Vorstellungen oder Meinungen geritten hat. Ohne diese Protestaktionen im einzelnen zu diskutieren, sei auf ein weiteres Phänomen der heutigen Jugend hingewiesen. Parallel zur Auflehnung gegen überlebte Ideale zeigt sie das intensive Bestreben, dem gewohnten Nestgestank auch korporal zu entfliehen. Schon bald nach dem Krieg begann die »skeptische Generation«, wie sie Helmut Schelsky nennt, sich auf ihre Weise die Welt anzusehen: Mit Schlafsack, wenig Geld und frischem Mut zog sie aus, um per Autostop durch die Welt zu reisen.

Das bewußtseinserweiternde Erlebnis des Reisens, dessen persönlichkeitsbildender Wert in der Sammlung und Abstraktion permanent neuer Informationen liegt, wandelt das Weltbild und erschüttert den Irrglauben an den Absolutheitscharakter heimischer Sitten und Verhaltensnormen. Nur in der *stabilitas loci* gedeiht jene *immobilitas animi,* welche sich und ihre kleine Welt als die einzig mögliche Ordnung begreift. Wer jedoch die Grenzen seines Kulturraumes überspringt, dessen Blick erfaßt — auch wenn dieser vormals durch ein einseitiges Informationsangebot getrübt worden ist — die Weite der menschlichen Situation. Mit der durchdringenden Schärfe des Röntgenstrahls die Substanz im Ding zu sehen und es des karnevalistischen Beiwerks zu entkleiden, gehört zur Fähigkeit eines kritischen Weltenbummlers. Ähnlich dem vergleichenden Verhaltensforscher begreift auch er die Relativität der menschlichen Ordnungen und lernt in seiner vergleichenden Erfahrung, das Wesentliche vom Unwesentlichen, die Spreu vom Weizen, d. h. die Form vom Inhalt zu scheiden und zu unterscheiden. Tradierte Formen und Rituale werden als Hülle ohne Inhalt demaskiert und überlebte Verhaltensmuster als Leerlaufmechanismen durchschaut.

Alle faschistoiden Systeme unterbinden daher mit gutem Grund das Reisen, um die Entwicklung eines kritischen Bewußtseins zu hemmen. Alle autoritär-diktatorischen Gesellschaften, die stets ihre Situation zu verabsolutieren pflegen, beurteilen Leute, die dem gewohnten Nestgestank entfliehen und neue Lebensformen versuchen, als suspekt, sittenlos oder subversiv. Schon im alten Rom, dessen Gesellschaftsordnung dem Prototyp eines faschistoiden Staatsmodells entspricht, galt der Matrose als Vertreter der Unmoral und des Frevelmutes, weil er es war, der sich auf seinen weiten Fahrten von fremden Kultureinflüssen »verseuchen« ließ und die »natürliche« Grenze des menschlichen Lebensraumes frevelnderweise überschritt.

Die lateinische Sprache kennt den Matrosen als sprichwörtliche Metapher des Heimat- und Sittenlosen, weil er es war, der als einer der ersten die Moral der Väter in Frage stellte. Schon früh wurde in Dichtung und Philoso-

phie die Hafenstadt zum Symbol der Unzucht und Unmoral, war doch der Hafen jener Ort, an dem nicht nur die Waren ausgetauscht, sondern auch neue Lebensformen übernommen wurden. Die Hafenstadt als Berührungspunkt der verschiedenen Kulturen wurde zur Mittlerin zwischen altrömischem Lebensstil und »barbarischer Unkultur«, von ihr gingen jene Impulse aus, welche die absolute Position des römischen Bürgers erschütterten. Mit Wehmut sagt Cicero, Hüter und Wahrer altrömischer Ideale, in seiner Staatslehre: »est autem maritimis urbibus etiam quaedam corruptela ac mutatio morum«, welche Klage K. G. Kiesinger anläßlich einer Rede in der Hafenstadt Hamburg in folgender freier Übersetzung zitierte: »In Hafenstädten geht es ziemlich toll zu.«
Die *HW* in ihrer *stabilitas loci* und *immobilitas animi* unterzieht sich nur ungern den Strapazen einer persönlichkeitsbildenden Reise. Läßt eine merkantile Verpflichtung, ein kriegerisches Ereignis oder die gezielte Werbung der Urlaubsindustrie einen *Hinterweltler* dennoch Abschied nehmen, so bleibt der bewußtseinserweiternde Effekt in der Regel aus. Wer nämlich als Geschäftsmann, Landser oder Teilnehmer einer Reisegruppe durch fremde Gaue zieht, betritt zwar geographisches Neuland, bleibt aber systembedingt im Nestgestank der *in-group* haften. Kommentar der Heimkehrer: Der Wein war sauer, Kalkutta war heiß, der Turm von Pisa steht noch immer schief ... Sonst? Sonst war nichts! Wer mit den Augen des UNO-Beobachters eine Gruppe *Hinterweltler* durch unbekannte Gefilde reisen sah, kennt die typischen Verhaltensstörungen provinzieller Spießer, die sich zwar unter dem Druck der Konsumgesellschaft in die Heerscharen des Tourismus eingegliedert haben, aber ohne jedes Verständnis für die Novität mit ihrem gewohnten Maßstab die fremden Verhältnisse bekritteln und belächeln.

Den persönlichkeitsbildenden Wert echten Reisens, das den unmittelbaren Kontakt mit anderen Nationen sucht, ohne die Institutionen der Reiseindustrie zu bemühen, entdeckte auf breiter Basis die Nachkriegsjugend. Diesem Reisen nicht unähnlich war das legendäre Wanderjahr der früheren Handwerksburschen, das auf internationale Dimensionen ausgeweitet werden und zum obligatorischen Bildungsprogramm unserer Jugend gehören sollte, um eine Deformation des reifenden Individuums zum hinterweltlerischen Krüppel zu verhindern. Der akademische Grad sollte — unabhängig davon, auf welcher Fakultät er erworben wird — mit dem Nachweis eines Reisejahres oder eines Studienaufenthaltes in anderen Ländern verbunden sein.

Nur derjenige, der im plastischen Alter des Reifens dem etablierten Nestgestank entronnen ist, entwickelt im vollen Umfang jene kritische Distanz, die den Akademiker auszeichnen sollte. Wahrscheinlich müßte im Rahmen der Friedensforschung ein spezielles Reiseprogramm für die Jugend entwickelt werden, um auf internationaler Basis Intoleranz und Vorurteile abzubauen, will man verhindern, daß die Friedensideen, die im gläsernen Turm akademischer Betrachtung als effektiv erkannt werden, als schöngeistige Seifenblasen in verstaubten Institutsräumen nutzlos verpuffen und zerplatzen.

Da jedoch das Reisen nur eine, wenn auch wichtige Form jener Bewußtseinserweiterung bedeutet, die die Deformation zum hinterweltlerischen Krüppel verhindert, gilt es, alle Informationskanäle in maximaler Weise zu nutzen. Dank der Kommunikationssysteme, die die Technik entwickelt hat, ist heute praktisch jeder Mensch *up to date*, d. h. keiner kann sich im Zeitalter der totalen Information mit der Unschuld des Nichtwissens entschuldigen, es sei, er lebt im manipulierten Informationsklima eines diktatorischen Regimes. Für die *HW vom Dienst* hat ein richtig dosiertes Rundfunk- und Fernsehprogramm mitunter den gleichen pädagogischen Effekt wie das selbstgewählte Lernprogramm eines Autodidakten, der es gelernt hat, die bildungsrelevanten Kanäle selbständig zu bemühen und zu nutzen.

Optisch und akustisch landete die gesamte Welt am Mond, ein Erlebnis, dessen Schockwirkung für viele *Hinterweltler* zur geistigen Initialzündung wurde. Obwohl manche Kreise der *HW* die schwersten Sanktionen ihres Rächergottes prophezeihten, da der Mensch in frevelnder Weise seinen »natürlichen« Lebensraum überstieg, wurde die ganze Welt Augen- und Ohrenzeuge jenes ersten Schrittes, der die Menschheit einer ihrer faszinierensten Aufgaben ein klein wenig näherbrachte: der Eroberung des Weltraumes. Das kosmische Ahnen, das bei vielen durch die schlichte Realität einer Mondlandung zum erstenmal in rationalen Bewußtseinsschichten aktiviert wurde, trägt wesentlich zur Erschütterung des provinziellen Absolutheitsdenkens bei. Kann jemand, der einmal die Tiefen des Raumes ahnend durchmessen hat, noch mit dem Fanatismus blinden Eifers für den Mythos seiner Meta-Welt streiten?

Im Bemühen, ihre verabsolutierte Welt der rationalen Kontrolle zu entziehen, negiert die *HW* alle Informationen, die ihren heilen Kosmos in Frage stellen könnten. So verdummt die *HW* im gruppeninternen Informationsfluß und lebt in jenem engen Käfig der Lüge und des Selbstbetruges, dessen Grad der Unwirklichkeit dem Maß der Absolutismen entspricht. Es ist bekannt, daß sich in diesem Punkt alle faschistoiden Systeme gleichen, egal ob sie ihr klappriges Skelett mit einer politischen oder einer religiösen Ideologie maskieren. In der Regel assoziiert der Begriff *faschistoid* Verhaltenscharakteristika, die rechten

Diktaturen eignen. Da sich aber die Strukturschemata linker und rechter Absolutismen im Prinzip gleichen, ist es bereits allgemein üblich geworden, daß auch die Verhaltensmuster organisierter Linksgruppen als faschistoid bezeichnet werden.

Nicht ohne Grund stellt Hans Georg Helms in seiner Schrift *Fetisch Revolution* fest, daß auch die Ideologie antiautoritärer Studenten faschistisch sei. Diese Behauptung gilt vor allem dort, wo verabsolutierte Denkmuster mit dem tierischen Ernst des Sektierers und mit der Gewalt des Überzeugten vorgetragen werden. In einem Bericht der West-Berliner Senatsverwaltungen über die *Roten Zellen* an den Universitäten wird herausgestrichen, daß die marxistisch ideologisierten *RZ* »glauben, im Besitz der einzigen wahren Lehre zu sein« und daraus »Ausschließlichkeitsansprüche« ableiten.

Obwohl die anti-autoritären Studenten behaupten, faschistoide Elemente aus dem Gesellschaftssystem auszumerzen, spiegeln sich diese Faschismen in deren eigenem Verhalten gerade dort wieder, wo sie mit dem Geist des Absolutismus zu Werke gehen. Auch in dieser Schrift soll der Begriff *faschistoid,* mit welchem Terminus ein Grundzug der *HW* charakterisiert wird, nicht nur Vorwürfe gegen rechte Regime suggerieren.

Die Art und Weise, wie das »heilige Offizium« im Kreml oder im Vatikan (oder seinerzeit in Berlin) seine Ideologie verteidigt, zeugt von der Tatsache, daß linke oder rechte oder theokratische Machtstrukturen ihr Da- und Sosein im gleichen Stil verabsolutieren. Vergleicht man die 85 Fragen, die das heilige Offizium zu Rom dem ehemaligen Päpstlichen Hausprälaten und jetzigen »Rebellenpriester« Ivan Illich gestellt hat, mit den Vorwürfen, die das »Heilige Offizium« zu Moskau gegen die Prager Reformer erhoben hat, so kann man sich des Eindrucks nicht erwehren, daß im Machtapparat von Kirche und Partei der gleiche Ungeist der hinterweltlerischen Verabsolutierung und des Monopolismus herrscht. Diese Absolutismen, wie sie linken und rechten Gruppen eignen, sind für jede Form der *HW* typisch. Da in diesem Punkt eine wesenhafte Identität mit allen Institutionen der weltweiten *HW* besteht, soll der Begriff *faschistoid* von der Enge seiner Bedeutung gelöst und in einer generellen Weise verstanden werden. Vielleicht wäre es verdienstvoll, einen neuen Terminus zu entwickeln, der diesen Sachverhalt präziser und ohne das Vorurteil einer politischen Topographie trifft.

Das heilige Revier

Sieg oder Tod im Alpenrot

Das territoriale Verhalten, d. h. das Okkupieren und Behaupten eines bestimmten Lebensraumes, ist Mensch und Tier angeboren; eine Homologie des Verhaltens, die stammesgeschichtlich leicht zu erklären ist. Blickt ein UNO-Offizier mit den Augen des Verhaltensforschers auf die Erde, so verbucht er nicht nur die Staats-, Länder-, Gemeinde- und Kommunalgrenzen der menschlichen Tiere, sondern vermerkt Tausende sich überschneidender Begrenzungslinien, welche die Lebensräume der einzelnen Arten limitieren. Jedes Individuum und jeder sozial lebende Verband beansprucht sein Areal, das von Artgleichen additiv verteilt, von verschiedenen Arten aber gleichzeitig besiedelt wird; denn Tiere, die in ihrer Lebensweise differieren und sich nicht die Nahrung streitig machen müssen, leben in der Koexistenz des »Burgfriedens«, wie es Konrad Lorenz formuliert.

Die Staaten und Bezirke, deren Flächen geheiligt und nach außen in redundanter Symbolik markiert sind, um Fremde vor unbedachtem Eintritt rechtzeitig zu warnen, sind auf verschiedene Weise signiert. Das Säugetier pflanzt olfaktive Grenzsteine, indem es als Visitenkarte an den Toren seines Geheges die Duftmarken seines Kots, seines Urins oder eines Drüsensekrets hinterläßt. Der Eintritt ist

stets dem Vertreter der eigenen Art untersagt, um das gewählte Biotop mit keinem Rivalen teilen zu müssen.
Duelle entscheiden bei Verletzung der Reviergrenzen über Verbleib oder Exodus des Hausherrn, denn die darwinistische Zauberformel vom Recht des Stärkeren gilt auch in diesem Belange. Der Vogel dagegen bezeichnet die Rechte auf sein »Eigenheim« mit akustischen Signalen. Unermüdlich wiederholt er auf der gleichen Welle, d. h. mit derselben Frequenz, die Eignerrechte seiner Besitzergreifung, in der Hoffnung, mögliche Konkurrenten vor einer Revierverletzung zu warnen und rechtzeitig zu verjagen.
Wie das Tier, so pflegt auch der Mensch seine Rechte dort anzumelden, wo er ein Areal zur vorübergehenden Nutzung beansprucht oder als seinen dauernden Besitz auszuweisen gedenkt. Der Mann im Büro stellt ein Photo von Frau und Kind auf seinen Schreibtisch, um seinen Anspruch auf die Arbeitsfläche zu unterstreichen. Die Familie, die ein Freibad aufsucht, bedeckt die Rasenfläche mit Handtüchern, Jausensäcken, Kleiderstücken etc., um ein möglichst großes Revier für sich zu beanspruchen. Der Reisende belegt die freien Plätze im Zugabteil mit Zeitschriften, Hut oder Aktentasche, mit der Absicht, einen optimalen Individualraum zu sichern. Der Gast eines Lokals verhindert durch ungenierte Disponierung der Eß- und Trinkgeräte eine Einschränkung seines Futterplatzes etc.
Die Haus- und Wohnungstüren sind etikettiert, die Gärten sind eingezäunt, Hecken und Büsche umziehen Grund und Boden. Der Zutritt zum fremden Revier ist ohne Ausnahme ritualisiert (es sei, es handelt sich um Einbruch). Das Schellen der Glocke, das Bellen des Hundes oder die Stimme eines Portiers künden vom Kommen eines Eindringlings, der sich mit Demutsgesten aller Art

(Grußzeremonien, Stammeln von Entschuldigungen, Überreichen von Geschenken etc.) den Revierhaltern nähert. In der Regel schätzen es diese nicht, wenn der Gast die Zäune überklettert und ohne rituelle Zeremonie die Wohngemächer betritt.

Jeder Quadratmeter Boden ist kartographiert, ein Heer von Beamten überwacht das Grundbuch und registriert die durch Erwerb, Tausch oder Verkauf veränderten Reviergrenzen. Steine und Betonpfähle limitieren Acker und Feld, Tafeln und Schilder markieren die Gemeindegrenzen, jede Parzelle und jede kommunale Fläche ist deutlich verzeichnet.

In ganz besonderer Weise prägte der Mythos des Grenzsteines die Menschheitsgeschichte, seit der erste seßhafte Siedler eine Hecke um sein Grundstück zog und damit zum Ahnherrn aller Konflikte wurde, wie Jean-Jacques Rousseau in Unkenntnis des ethologischen Aspektes meinte. Die Aufhebung des paradiesischen Kommunismus hat sich einzig in den Mythen biblischer Epen ereignet, in der tatsächlichen Stammesgeschichte jedoch stritten die Lebewesen um Grund und Boden, lange bevor der *homo sapiens* seine Grenzpflöcke setzte. Eine menschliche Eigenart läßt sich allerdings in den Formen der Reviermarkierung erkennen: Die Modalitäten, mit denen der Mensch seine Intim- bzw. Kommunalräume fetischisiert, und die Art und Weise, wie er um diese Räume stets gestritten hat, stehen in keinem Verhältnis zum angeborenen Mechanismus des territorialen Verhaltens.

Der Mensch pflegt nämlich sein Revier mit einem Aufwand an redundanter Symbolik zu markieren, der bei weiten das Maß des Notwendigen überschreitet. Vor allem dort, wo er sich im uniformen Gruppenverband organisiert, oder sich als Nation begreift, markiert er die Areale seines Hoheitsgebietes mit einer überdeutlichen

Reviersymbolik. Nach innen hin findet das territoriale Verhalten eines Volkes seinen Ausdruck in der nationalen Bewußtseinsbildung, dem der Staatskult in all seinen Formen dient, während es sich nach außen hin in der Revierverteidigung widerspiegelt.

An tabuisierten Revierlücken, den Grenzpassagen, regelt ein aufwendiger Apparat militant dressierter Diener in einem formellen Zeremoniell die Ein- und Ausreise staatsfremder und staatseigener Individuen. Weithin sichtbar flattert die Fahne, an dominierender Position droht das Staatswappen, kurzum, eine redundante Szenerie gemahnt an das fremde Revier. Wo die Expansionstendenzen des Nachbarn die nationale Existenz in Frage stellen, sichern militärische Anlagen das staatliche Territorium. Die defensive Sicherung der Grenzen ist vom absolut realen Willen des Überlebens motiviert, das formale Zeremoniell des Staatskultes aber, bzw. Heimatromantik und Blut-und-Boden-Mythos arten allzuschnell zur irrealen Maskerade, bzw. zum antihumanen Mummenschanz des Nationalismus aus.

Nicht ohne Grund erlebt die *HW* im pathetischen Zeremoniell nationaler Kulte und im Rausch des Patriotismus eine Euphorie, welches Selbstwerterlebnis den Absolutheitscharakter des eigenen So-und-nicht-anders-Seins unterstreicht. Mit tierischem Ernst züchtet und hegt die *HW* alle Formen und Symbole der nationalen und staatlichen Allmacht, in denen sich die glorifizierte Volksseele spiegelt. Bei dieser Revierromantik, welche allein die *HW* zu faszinieren vermag, spielen Fahne und Uniform eine zentrale Rolle. Mit Eiden, Schwüren, sakralen Zauberformeln etc. verpflichten sich die Untertanen der Meta-Sprache dieser Symbole, deren Fetischcharakter deutlich zutage tritt.

Aber nicht nur Flaggen, Uniformen, Embleme, Kampf-

lieder, Hymnen und dergleichen mehr werden fetischisiert, sondern auch typische Charakteristika des Alpha-Tieres, d. h. des obersten Revierhalters. Mit Erfolg nutzte und nutzt die Propaganda Hitlers Stirnlocke, Churchills Zigarre oder Maos hochgeschlossenen Kragen aus. In all diesen Kultformen ist eine deutliche Regression zum Götzendienst und zur Totemanbetung festzustellen.
Ein Hauch von schwarzer Magie umschwebt alle Zeremonien, die den Rahmen von Fahnenweihen, Angelobungen, Gedenkfeiern etc. bilden. Vom militanten Ritual begeistert und vom Feuer der Hymnen und Märsche beflügelt, applaudiert eine hochgestimmte *HW* Beifall, da ihr die burleske Komponente dieser kafkaesken Szenerie verborgen bleibt. Das Repertoire an Uniformen, Fahnen und Bannern, Farben und Zeichen, Märschen und Hymnen, Zeremonien und Kulten symbolisiert den Willen einer *HW*, die sich als ein nationales Unikum begreift.
Das leere Pathos des Staatskultes wurde zum dominierenden Bewußtseinserlebnis von Franz Kafka, der in seinen Werken ein beredtes Zeugnis für solche Groteskerien niederlegt. Selbst ohne sicheres Revier und bar eines ausgeprägten territorialen Verhaltens, empfand der Jude Kafka mit dem seismographischen Feingefühl des Ausgestoßenen die Abnormitäten der staatlichen Gewalt.
Überhaupt eignet der jüdischen Intelligenz ein sechster Sinn im Erkennen pervertierter Formen des Revierverhaltens, jener angeborenen Urtendenz, die der Jude in der Diaspora nicht voll entfalten konnte. Vielleicht als Reaktion auf eine 2000 Jahre dauernde Frustration zeigt das »auserwählte Volk« zur Zeit in seinem neu gewonnenen Staat ein territoriales Verhalten, an dem zum Teil neurotische Züge zu diagnostizieren sind. Das moderne Israel droht in seiner zionistischen Konzeption zum Preußen des Orients zu entarten, geblendet vom selben nationalen En-

thusiasmus, der schon manchem Volk zur Katastrophe gedieh.

In einer Gesellschaft, in der die Bindung an Blut und Boden zum psychotischen Zwang pathologisiert und die die Pflege der Heimatneurose als nationale Aufgabe erachtet, dominiert jene Selbstverklärung, die auf jedes kosmopolitische Denken verzichtet. Unter dem Druck der gleichen Sprache, derselben Tradition und gleicher Denk- und Verhaltensnormen entwickelt sich das völkische Bewußtsein, das die Mitglieder einer rassisch und sprachlich homogenen Gemeinschaft zur nationalen Gruppe bindet. In dieser Solidarität verwandelt sich das gemeinsame Revier zum mystischen Territorium, das nach Gottes Willen — die *HW* scheut auch nicht davor zurück, Gott zu einem Grundstücksmakler zu degradieren — einem Volk, das es nach dem Gesetz des Faustrechtes besiedelt hat, als Heimat dient.

»Heimat, ein deutsches Problem?« betitelt Jaromir Jermář eine Studie, in der er den von Germanisten verzerrten Heimatbegriff kritisch durchleuchtet. Der Terminus »Heimat«, wie er zum Beispiel in den Jahrbüchern *»Das Recht auf die Heimat«* verstanden wird, assoziiert auch in der akademischen *HW* eine Reihe gefährlicher Vorstellungen, die einer sachlichen Begriffsbestimmung im Wege stehen. Walter Künneths definiert die Heimat als regionale Bestimmung der Existenz und präzisiert sie als Raumgebundenheit. Dieses Konzept des umgrenzten Raumes, in den der Mensch schicksalhaft hineingeboren worden ist, beinhaltet jene fatalistische Raum- und Zeitbestimmung der menschlichen Existenz, die den Menschen zum passiven Prinzip einer vorgeprägten Ordnung verurteilt und seine gestaltende Aufgabe verneint.

Die Heimat stellt den Menschen somit in eine Ordnung, an deren Absolutheitscharakter nur der »Volksschädling«

und der »Nestbeschmutzer« zweifelt. Sie verurteilt den Menschen, der die Welt gestaltend in Besitz nehmen sollte, zur Rolle des Besessenen, d. h. des in Besitz Genommenen, dessen Verhalten ein vorprogrammiertes Schema bestimmt. Diese vorgenormte Ordnung, welche durch eine spezifische Verklärungsideologie gesichert wird, zu akzeptieren und zu wahren, bedeutet nichts anderes, als sich den Geboten zu beugen, die einmal eine kleine Gruppe für die Mehrheit festgesetzt hat.

Die Flucht in die Heimat, noch dazu in eine künstlich konstruierte, ist Ausdruck des Defaitismus, der Niederlage, des Kapitulierens, wie Jaromir Jermář richtig vermerkt, und eine Verneinung der primären Aufgabe des Menschen, die in der Reform und in der Umstrukturierung eben dieser Umweltsordnungen besteht, die ihn seiner Persönlichkeit berauben. Deshalb tut es Not, dem hinterweltlerischen Heimatbegriff seinen humanen Charakter zurückzugeben: Die Heimat darf nicht mit einem geographisch-historisch-ethnisch abgegrenzten Raum identifiziert werden, der vom Blut-und-Boden-Mythos geprägt ist, sondern muß als das globale, ja kosmische Areal des gestaltenden Menschen begriffen werden, der *sub specie mundi* einem überregionalen Kosmopolitismus verpflichtet ist.

Nur im provinziellen Ungeist nazistischer Heimatideologien und im blinden Fanatismus einer rassischen Verhetzungspolitik konnte das Revierverhalten des deutschen Spießers und *Hinterweltlers* vollends zum blutigen Aberwitz pervertieren, welche Fehleinstellung im Zeitalter der Raumfahrt und der kosmischen Besinnung als makabres Zeugnis einer unbelehrbaren *HW* zu werten ist. Volk und Heimat, in der Bedeutung, wie sie eben diskutiert worden sind, vermitteln der *HW* jenes gefährliche Selbstwertgefühl, das durch den Zauber magischer Riten und kultischer Zeremonien mit Kunst auf Hochglanz poliert wird. Das Bewußtsein, Teil einer von Trommelwirbeln untermalten Exklusivität zu sein, steigert den nationalen Chauvinismus und den Aberglauben, das Produkt eines absoluten und überirdischen Willens zu sein. Diese nächtlichen Illusionen nähren jene destruktive Verirrung, die den Haß auf fremdes Blut und die Vernichtung des fremden Bodens lehrt.

Obwohl diese extremste Verirrung des menschlichen Revierverhaltens im europäischen Raum immer mehr der Vergangenheit anzugehören beginnt, ist dennoch der Traum eines vereinten Europas trotz ökonomischer, geographischer, kultureller und militärischer Notwendigkeit noch lange Zeit utopistische Träumerei, da das Verhalten der europäischen Völker auch heute noch vom nationalen Partikularismus und vom Willen zu regionaler Abkapselung motiviert ist. Der Partikularismus der lokalen Politik opfert die Erfordernisse überregionaler und zentraler Aufgaben stets der sekundären Problematik provinzieller Anliegen. Dieser Partikularismus hat nicht nur auf hoher und höchster Ebene, sondern auch im Mikrokosmus des kommunalen Lebens seine Entsprechungen. So streiten etwa Weiler und Dörfer um die Ehre, auf dem eigenen Areal ihre Zwergschule wider jede Vernunft zu belassen, anstatt unter Zusammenschluß mehrerer Gemeinden die Errichtung einer Großschule auf fremdem Revier zu tolerieren. Durch eine solche überregionale Bildungspolitik gehe die innere Struktur lokaler Gemeinschaften zugrunde, niemand kümmere sich mehr um das heimische Brauchtum, der Nachwuchs an örtlichen Kräften, wie Ministranten, Mesnern, Fahnenschwingern etc. sei gefährdet, kurz, die geheiligte Ordnung alter und eingelebter Traditionen gerate ins Wanken.

Im Schatten einer engherzigen Regionalpolitik, die ängstlich die überkommunale Schau meidet, treibt auch jener Kantönli-Geist sein Unwesen, den gebildete Schweizer zu bekämpfen nicht müde werden. Zahlenmäßig weit in der Minderheit führt eine kleine Gruppe eidgenössischer Intellektueller und Progressisten seit Jahren einen geistigen Kreuzzug gegen die kantonale Engstirnigkeit ihrer Landsleute. Dieser Kampf fand auch überregionales Echo, nachdem James Schwarzenbach dem helvetischen Nationalismus zu einer ungeahnten Renaissance verholfen hatte, zu einer Zeit, da sich die europäischen Völker um eine Integration bemühen. Unter der tätigen Mithilfe von Trachtenvereinen, Schützenverbänden, Jodlergruppen und Fahnenschwingern regt sich noch immer der Ungeist des Chauvinismus und feiert die provinzielle Arroganz unzeitgemäße Triumphe. Der suspekte Ehrgeiz, ein »gesundes Volk gesund« zu erhalten, findet vor allem in der bäuerlichen Bevölkerung Anerkennung und Applaus, fühlt sich doch jeder Bauernstand den Idealen des Bodenstandes besonders verpflichtet.

Festen Schrittes, die Fäuste in die Hüften gestemmt, den Kopf selbstbewußt erhoben, blickt der Älpler vom würzigen Tann zu Tal, wo festgefügt der Erbhof steht. Selbst die Kuh, harmloses, aber nützliches Nebenprodukt der Stammesgeschichte, gehört zum invariablen Bestandteil dieser »prästabilisierten Harmonie«. Im Organ des Schweizer Viehzuchtverbandes entbrannte in den letzten Jahren aufs Neue eine heftige Diskussion über das gotteslästerliche Ansinnen fortschrittlicher Agronomen, welche die Schwyzer Kuh, die kräftig braun in der Fellzeichnung zwar einen optimalen Beweis rustikaler Ästhetik bietet, aber im Milchertrag den europäischen Spitzenkühen nachsteht, zwecks Steigerung der Käseproduktion mit ausländischen Zuchttieren kreuzen wollen. Die Vorstellung, eine Schwyzer Kuh mit einer deutschen oder holländischen

zu kreuzen, scheint für eidgenössische Viehhirten unerträglich. Wozu auch das heimische Tier mit importierten »Negern« zu entfremden, wenn schon Wilhelm Tell das fromme Vieh in braun geschaut?
Der Tabu-Charakter des Reviers, wie ihn die Ethologie im Tierreich kennt, hat im territorialen Verhalten des Bauernstandes spezifische Verhaltensweisen herausgezüchtet, die aus jener Trivialliteratur wohlbekannt sind, in der Land und Leute der Boden-Kultur verherrlicht werden: der gotteslästerliche Bauer, der nächtlings den Grenzstein versetzt; der greise Agronom, der zitternd, aber segnend um den Acker schreitet; der sture Rusticus, der trotz Gicht und *Dementia senilis* den Hof nicht übergeben will etc. Im Mythos der Ackerscholle und der Heimaterde, die vom Adler umkreist, zur Erbauung des Lesers in abendliches Rot getaucht ist, spiegeln sich die territorialen Beharrenstendenzen des Bauernstandes. Mit zeremonieller Sorgfalt fetischisiert der Bauer sein Areal und mit kultischer Ehrfurcht gedenkt er der Scholle, wo schon seiner Väter Wiege stand.
Des Engländers Devise *»my home is my castle«*, realistischer Ausdruck einer gesunden Individualdistanz, gilt für eine Form der Individualität, die im bäuerlichen Milieu nur selten anzutreffen ist, da dort das Individuum stets vom ererbten Boden, den es verwaltet, geprägt ist, und deshalb die Entwicklung der Individualität von territorialen Faktoren stark abhängt. Kein Landmann — außer in der Notsituation der Katastrophe — dringt in das Haus des Nachbarn ein, denn die Stube, Symbol des heiligsten Reviers im heiligen Reich, ist jene tabuisierte Zone, deren Intimsphäre von hausfremden Individuen nicht verletzt werden darf. Die Debatten und Geschäfte, die zwischen den Bauern abgewickelt werden, finden im Rahmen des Sonntagsgottesdienstes oder nach Beendigung

der sakralen Pflichtübung auf dem neutralen Boden des Wirtshauses statt, die Probleme der Tagespolitik werden in der Gemeindestube oder an der Reviergrenze des Ackerrains unter freiem Himmel diskutiert.

Eine wahrhaft herkulische Arbeit vollbringen jene Beamten und Agraringenieure, die im Rahmen der Rationalisierung das Projekt der Grundzusammenlegung realisieren. Bei dieser territorialen Umstrukturierung werden alle Nutzflächen kollektiviert und entsprechend der ehemaligen Grundqualität und -quantität so neu verteilt, daß die Ökonomie der Einheit und der Nähe von Hof und Acker gesteigert wird. Die Angst des Bodenverlustes und die Animosität vor dem fremden Acker können in den meisten Fällen nur mit Mühe abgebaut werden, gilt es doch, die alten und gewohnten Reviergrenzen neu festzulegen.

Der Blut-und-Boden-Mythos, wie er für die ländliche Bevölkerung typisch ist, entwickelte sich mit der Seßhaftwerdung des Menschen. Kains Brudermord, eine Parabel, die soziologisch interpretiert als Sieg des Bauern über den Nomaden zu werten ist, leitet symbolisch eine neue Epoche in der Menschheitsgeschichte ein: Der *homo sapiens* markiert mit dem Grenzstein das Land seiner Besitzergreifung, baut stabile Unterkünfte, rodet den Boden, etabliert sich — und verfolgt den *homo migrans,* den Mensch ohne Heimat, mit dem Haß des Eingesessenen.

Im Laufe der Generationen wird das erblich gesicherte Areal kulturell überformt; die Ackerscholle wird zur Heimaterde; das ökologische Zentrum zum schicksalhaft vorbestimmten Lebensraum, der ersten und letzten Begrenzung des Daseins; der Stammbaum der Väter wird durch eine Verklärungsideologie zur mystischen Ahnenreihe reines Blutes, das die Generationen seit archaischen Zeiten in lokaler Immobilität bis zur Inzucht vor fremdem Makel bewahrt haben; der Vorfahr wird zum heroischen Ahnherrn dämonisiert, der Nachkomme als Produkt eines vorprogrammierten Willens und einer überirdischen Weisheit aufgewertet; der gentile Verband wird zur Sippe, die in Unkenntnis der genetischen Realitäten ihr ererbtes So-und-nicht-anders-Sein als Folge einer metaphysischen Dynamik erachtet.

Stammbaum und Familienwappen mystifizieren Herkunft und Gentiltradition, ein Sippenbeharren, welches der aus dem Bauernstand gewachsene Adel mit dem späteren Bürgertum teilt. Im Mittelpunkt dieser Verklärungsideologie steht das Urwort »Blut«, dessen sakraler Charakter in sozialer Hinsicht durch das Attribut »blau« unterstrichen wird, im tausendjährigen Reich aber durch das Beiwort »arisch-germanisch« restlos entmenscht worden ist.

Die Verehrung des Blutes als gentiles oder ethnisches Charakteristikum ist im Zeitalter der Herztransplantionen und der Biochemie ein Anachronismus, der noch immer in den starren Einstellungsmustern einer unbelehrbaren *HW* anzutreffen ist. Alle Formen einer irrationalen Bindung an Menschen, die nur der blinde Zufall der Spermien und der Chromosomen zu Bruder, Schwester, Neffe etc. stempelt, sind Ausdruck einer Sippenhaftung, die im Prinzip — wenn auch als Mikrokosmos — dem völkischen Bewußtsein entspricht. Die Idee der Wahlverwandtschaft, die sich ohne den Virus »Blut« entwickelt und im Makrokosmos der Menschenverbände dem Kosmopolitismus gleichzusetzen ist, ist noch nicht in das Bewußtsein der Blut-und-Boden-*HW* gedrungen. Wie sich daher der *Hinterweltler* aus rassischen Gründen nur seinem Volke verpflichtet fühlt, genau so empfindet er nur in der Sippe, die als Mikrokosmos mit den Begriffen Rasse und Volk auf einer Stufe stehen, jenes Behagen, das in der Blut-und-Boden-Haftung gründet.

Der bekannte Linguist Noam Chomsky teilt mit vielen Intellektuellen eine Hoffnung, die nicht erst in unserer Zeit diskutiert worden ist: die Entwicklung neuer sozialer Gemeinschaften, in denen Blutsbindungen und normative Muster ohne Belang sind. Schon 1935 hat Wilhelm Reich die Kommune als »einen Versuch zu einer neuen Familienform des Kollektivs nicht blutsverwandter Menschen« gewertet, in der eine Verbesserung der innermenschlichen Beziehungen geübt und entwickelt werden könnte. Nicht ohne Pathos beschwört Noam Chomsky in seinem Buch *»Amerika und die neuen Mandarine«* den Geist von Membrilla, jener ländlichen Kommune in Spanien, die zur Zeit des Bürgerkrieges gegründet worden ist: »Membrilla mag das ärmste Dorf sein, aber es ist das gerechteste.« Mag auch Chomskys Ideal eine Illusion sein, so spiegelt sich dennoch in ihm jene Hoffnung wider, die den Glauben an den *homo sapiens* nicht verloren hat.

Die soziale Struktur einer Musterkommune christlichen Geistes, in der Blut und Rasse ohne Belang sind, bleibt solange der fiktive Traum ideeller Utopisten, bis der Mensch gelernt hat, seine angeborenen Instinkte in neue, vom Intellekt definierte Kulturgeleise zu kanalisieren. Es muß jedoch die prinzipielle Frage gestellt werden, ob wir Menschen überhaupt in der Lage sind, das »Krokodil in uns« auszuschalten. Die meisten Ethologen bestreiten diese Möglichkeit. Doch die Kluft zwischen Ideal- und Realverhalten, welche darin zu suchen ist, daß der Mensch sein angeborenes Verhaltensprogramm intellektuell nicht bewältigen könne, scheint mit rein ethologischen Argumenten nicht restlos erklärbar zu sein.

Fritz Frank weist in seiner Studie *APO und Establishment aus biologischer Sicht* darauf hin, daß die Forderungen der APO deshalb ein Nonsens seien, weil das Revierverhalten, die Sippenhaftung und der Hang zur hierarchischen Ordnung angeborene Mechanismen und phylogenetisch motiviert seien. Diese Feststellung ist durchaus richtig. Aber genauso wie die *HW* diese instinktiv angelegten Verhaltensweisen rituell und kulturell bis zur Perversion überformt, wogegen sich der Zorn der APO in erster Linie richtet, genauso sollte es auch möglich sein, diese Instinkte durch den Intellekt zu modifizieren, bzw. umzukanalisieren, vorausgesetzt es gibt den *homo sapiens*.

Dem Menschen sollte — im Gegensatz zum *Hinterweltler* und zum Tier — eine distanzierende Haltung sich selbst und der Welt gegenüber eignen, um nicht nur tradiertes Kulturgut zu revidieren, sondern auch um ererbte Instinkte zu steuern und zu kontrollieren. Goethe tat — freilich in Unkenntnis der ethologischen Position — den Ausspruch, daß zwar Mensch und Tier durch ihre Organe belehrt werden, daß aber der Mensch die Fähigkeit habe, diese Organe wiederum zu belehren, d. h. daß der Mensch seine Instinkte in einer Weise modifizieren könne, um sich z. B. von Blut-und-Boden-Bindungen frei zu machen und in der klassenlosen Kommune einer Wahlverwandtschaft jene utopische Sozialordnung zu schaffen.

Das Idealverhalten (und manche Forderungen der APO) können erst dann realisiert werden, wenn es der Menschheit einmal gelingen sollte, nicht nur das Kulturgut kritisch zu revidieren, sondern auch die Vektoren genetisch fixierter Energien intellektuell zu steuern. Ob dies theoretisch schon heute möglich wäre, bleibe — trotz Goethe — unbeantwortet.

Daß aber auch der reine, *nicht* auf seine innerste Stimme (= Instinkt) horchende Verstandesmensch (als utopisches Zukunftsbild) kein Engel wäre, sondern eher das Gegenteil, hat Irenäus Eibl-Eibesfeldt in seinem Buch *Liebe und Haß* bei der Diskussion des Aggressionstriebes verdeutlicht. Wie das territoriale Verhalten (als Summe der Blut-und-Boden-Bindungen) angeboren ist, genau so ist auch die Aggressivität erblich festgelegt, die ebenfalls rein intellektuell kaum zu beseitigen ist. Dafür ist dem Menschen ein aggressionshemmender Mechanismus und Altruismus angeboren, der allein den aggressiven Tendenzen wirksam entgegenwirken könnte, sofern dieser weitgehend verschüttete Trieb durch neue Auslöserschemata in seiner potentiellen Wirksamkeit aktiviert würde.

Die paradoxe Aggression

Weil, so schließt er messerscharf,
nicht sein kann, was nicht sein darf.

Seit Konrad Lorenz ist die biologische Komponente des »Bösen«, d. h. des Aggressionstriebes, weitgehend geklärt. Warum, so lautet die Frage, beschädigt ein Lebewesen seinen Artgenossen? Diese sogenannte intraspezifische Aggression kann im Sinne des Darwinismus leicht verdeutlicht werden. Im Kampf um Lebensraum, Nahrung, Geschlechtspartner, Führerrolle, kurz, im *struggle for life*, wie es Charles Darwin nennt, muß stets der Schwächere dem Stärkeren weichen. Nur so hat die ganze Art optimale Überlebenschancen. Demselben arterhaltenden Streben dient auch die Vernichtung oder Vertreibung des Abartigen, des Tieres, das aufgrund einer Mutation in Aussehen oder Verhalten von den anderen Artgenossen abweicht. Jede Spezies hat nämlich das angeborene Streben, den uniformen Habitus ihrer Art zu bewahren und rein zu erhalten.

Das Gesetz des Faustrechtes, mit dem die Natur den Lebensprozeß in sinnvoller Weise steuert, entartete aber bei einer Tierart, den Ratten, zum sinnlosen Vernichtungstrieb. Die Ratten, die im dichten Gruppenverband leben, besiedeln olfaktiv markierte Reviere. Da sie Säugetiere sind, als die sie in erster Linie durch die Nase »den-

ken«, identifizieren sie den zum Verband gehörigen Artgenossen, bzw. den sippenfremden Eindringling am Geruch. Die intraspezifische Aggression, die die Ratte bei Verletzung ihrer Reviergrenze entwickelt, ist von einer Brutalität, wie sie die Verhaltensforschung im sonstigen Tierreich kaum kennt. Nimmt man ein Tier aus seinem Gehege und setzt es in einem fremden Revier aus, so kann man folgendes Verhalten beobachten:
Zitternd und bebend kauert sich das fremde Tier am Boden zusammen und erwartet in instinktiver Furcht, doch in ihr Schicksal ergeben, den Angriff seiner »Wirte«. Solange das »gastliche Haus« vom Besucher keinen Wind bekommt (im eigentlichen Sinn des Wortes), passiert nichts. Sowie aber einer der Revierhalter in die Nähe des ausgesetzten Tieres gerät, diagnostiziert er am Geruch den Eindringling und Außenseiter und alarmiert die ganze Sippe. In nervöser Hast eilen die »Wirte« herbei und formieren sich im Kreis um den ungebetenen Gast. Das »Kainszeichen« auf der Stirn des Fremden erregt die Wut des gesamten Verbandes, die »Sünde« des Anders-Riechens verlangt nach Rache, denn der eigene Nestgestank wird durch den fremden Geruch besudelt.
Geschlossen wird der unliebsame Eindringling attackiert, der sich mit der Ergebenheit des Ausgelieferten beißen und quälen läßt. Eine rituell gesteuerte Fairneß, welche dem intraspezifischen Kampfverhalten der Artgenossen in der Regel eignet, fehlt den Ratten gänzlich. In kollektiver Wut stürzen sie sich auf den revierfremden Artgenossen und drangsalieren ihn qualvoll zu Tode. Würde das Tier nicht häufig nach den ersten Attacken einem Schocktod erliegen, müßte es einen langen Leidensweg durchstehen, denn die Aggressionsenergie der Ratten ist erst dann abgebaut, wenn das sippenfremde Tier buchstäblich in Stücke zerrissen ist.

Das Aggressionsverhalten der Ratten ist im Sinne der Evolutionstheorie paradox, denn ihm fehlt jede sinnvolle, arterhaltende Funktion. Mit Recht meint deshalb Konrad Lorenz: »Es ist durchaus möglich, daß der Parteihaß, der zwischen den Rattensippen herrscht, wirklich nur eine Erfindung des Teufels ist, die zu nichts gut ist.«
Die *paradoxe Aggression* der Ratten ist aber leider nicht singulär. In noch viel paradoxerer Weise findet sie sich beim Menschen, vor allem dort, wo er sich in einer *HW* organisiert hat. Die in den Kapiteln 1—3 diskutierten Verhaltenscharakteristika der *HW* erklären zum Teil die Ursachen dieser *paradoxen Aggression*, die jedem *Hinterweltler* eignet. Ein Mensch nämlich, der das Verhalten anderer mit dem vorgenormten Maßstab axiologischer Prinzipien zu werten und zu beurteilen gewohnt ist, der die ethnisch-geographisch-historisch-kulturelle Zufälligkeit seines und seiner Gruppe Soseins verabsolutiert und in der Statik lokalen und mentalen Beharrens das Opfer rassischer und territorialer Zwangsvorstellungen wird, reagiert mit der neurotischen Aggression der Ratte auf sämtliche Reize, die in seinem Rechenzentrum (Gehirn) neue Vorstellungen auslösen, bzw. unter dem Druck andressierter Denkmuster negative Assoziationen auslösen.
Mit demselben pathologischen, die darwinistische Notwendigkeit übersteigenden Haß, der bei der Ratte zur funktionslosen Sinnlosigkeit denaturierte, versucht auch die *HW*, den Habitus und die Verhaltensnormen ihrer Meta-Welt, d. h. den Bestand ihrer »Art« zu sichern. Mit der blinden Wut der Ratte stürzt sie sich auf alle A-Nomale und Ab-Artigen, die in Aussehen oder Verhalten von den Normschemata ihrer selbst konstruierten Scheinwelt abweichen. Wenn man die Aggressivität der Ratten als bestialisch bezeichnet, so muß man das aggressive Verhalten der *HW* mit einem neuen Begriff umschrei-

ben, denn die Grausamkeit, mit der der Mensch seine Artgenossen zu vernichten pflegt, ist im Tierreich unbekannt.

Wäre der Mensch nur bestialisch, so wäre er durchaus »human«, aber leider ist er *homolitisch*, d. h. der *homo sapiens* kann seine Aggressivität zu Dimensionen steigern, die ausschließlich mensch-spezifisch sind. Die Bestialität des Menschen, seine *Homolität*, hat in der Natur allenfalls ihre Entsprechung in der extraspezifischen Aggression, also in der Beschädigung des artfremden Tieres, jenem grausamen Spiel, das etwa die Katze mit der Maus treibt, ehe der erlösende Genickbiß (oder der »Fangschuß« der KZ-Schergen) dem mutwilligen Treiben ein Ende setzt.

Bekanntlich verhindern sogenannte aggressionshemmende Mechanismen, daß bei der intraspezifischen Aggression eines der kämpfenden Tiere ernsthaft beschädigt wird. Würden diese Hemmechanismen nicht funktionieren, so bestünde die Gefahr, daß sich eine Art selbst zum Aussterben verurteilt. Diese aggressionshemmenden Instinkte wirken nur intraspezifisch, werden aber bei der extraspezifischen Aggression niemals wirksam. Daß auch bei der Ratte diese hemmenden Triebe nicht funktionieren, scheint darin begründet zu sein, daß sie den revierfremden Artgenossen nicht mehr als solchen erkennt, sondern diesen aufgrund des fremden Geruches als extraspezifischen Freßfeind auffaßt, der ohne rituelle Fairneß vernichtet wird, genauso wie die Maus, die bei der Katze ebenfalls keine aggressionshemmenden Mechanismen auszulösen vermag.

Bei der *HW* läßt sich das nämliche Verhalten beobachten. Weicht ein Artgenosse in Aussehen oder Verhalten vom gewohnten Normschema ab, so wird er als artfremdes Lebewesen empfunden, das — so paradox es klingt —

mit der extraspezifischen Aggressivität der Ratten angegriffen wird. Für den Ku-Klux-Klan sind Neger keine Menschen, für den Antisemiten ist der Jude eine Form des Ungeziefers, das auszutilgen durchaus »moralisch« ist. Deshalb sind für ihn die Judenpogrome nicht unmoralischer als die Jagd der Katze auf die Maus. Dieses rattoide Aggressionsverhalten der *HW* hat eine interessante Entsprechung in der Primitivkultur der brasilianischen Mundurucu-Indianer, welche die ganze Welt in sich und in die »Pariwat«, d. h. all die übrigen, einteilen. Nur sich selbst empfinden sie als Menschen, alle übrigen aber, die Pariwat, gelten für sie als Jagdwild, und man darf, ja man muß sogar dieses »Ungeziefer« vernichten.

Jede *HW* denkt in diesem primitiven Freund-Feind-Schema, das den Freund zum intraspezifischen Artgenossen, den Feind aber zum extraspezifischen Un-Menschen stempelt. Da sie ihr Da- und Sosein verabsolutiert, empfindet sich die *HW* aufgrund der bei ihr geübten Lebensform als einziger Repräsentant des *homo sapiens,* während alle übrigen, die in Aussehen und Verhalten von den normativen Mustern dieser *HW* abweichen, als »Pariwat« gelten, die zu steinigen durchaus gottgewollt ist. Ein Katalog von Paragraphen, Gesetzen und Verordnungen erlaubt es jeder ideologisch organisierten *HW*, ihre uniform dressierte Gruppe im Namen des Rechtes oder des Allmächtigen vor »artfremden« Einflüssen zu bewahren. Trägt ein »A-Nomaler« sein Kainszeichen, das habitueller oder behavioristischer Natur sein kann, erkennbar auf der Stirn (rassische Makel, politisch-ideologische Gegensätze, charakterliche Eigenarten etc.), so wird er in einer organisierten *HW* mit der gleichen Bestialität vernichtet, mit der die Ratte den revierfremden Artgenossen tötet, bzw. mit der gleichen »Homolität«, mit der z. B. die SS gewütet hat.

Die Sozialpsychologie hat die typischen Verhaltensschemata analysiert und beschrieben, mit denen die Gruppe auf den Fremdkörper reagiert. Vor allem die Kinder, deren atavistische Aggressivität in der entwicklungsbedingten, die Einsicht in den Nebenmenschen ausschließenden Egozentrität gründet, hänseln mit jenem sprichwörtlichen Sadismus des Kindes den Spielkameraden, dessen Aussehen vom Normschema abweicht: den Dicken oder Langen, den Rothaarigen oder Schieler, den Stotterer oder den Krummbeinigen etc.
Mit jener oberflächlichen Knigge-Humanität, in der sich das soziale Verhalten der Formalchristen erschöpft, reagieren zwar Erwachsene auf tolerierbare Gebrechen ihrer Mitbürger mit nichtartikuliertem Unbehagen, das die tiefe Abneigung nur schlecht maskiert, doch bereits der Bucklige zählt zur Schar der Ausgestoßenen, die von der Gesellschaft kaum noch akzeptiert werden. In den stereotypen Bildern der bösen Hexe, des schlimmen Zauberers oder des Menschenfressers hat das Märchen alle physiognomischen Eigenschaften vereint, die der simple Mensch als Merkmale des Abwegigen und Bösartigen klassifiziert, und Prototypen des Verfemten, bzw. Auslöserschemata für kollektive Antipathien geschaffen.
In unserer Gesellschaft genügen bereits die langen Haare oder der Bart eines harmlosen Jünglings, um auch im urbanen Milieu unkontrollierte Aggressionsmechanismen auszulösen. Die *HW*, die bereits auf geringe physiognomische Eigenarten negativ reagiert, pflegt den Träger einer (meist geneideten) Haarpracht mit einem Typus zu identifizieren, den sie mit Begriffen wie »Anarchist, Asozialer, Linksagent, Nichtstuer, Volksschädling, Nestbeschmutzer, Ungeziefer, Semikrimineller, Deklassierter, Aspaltdesperado, Schmeißfliege, Schmutzfink, Parasit, Umsturzprofi, Weltverbesserer, Freizeitrebell etc.« zu erfassen sucht.

Was mit solchen Menschen geschehen sollte, teilte ein Briefschreiber im Anschluß an eine Beatsendung der ARD-Fernsehdirektion mit: »Mit einem eisernen Besen wird dieses geisteskranke Gesindel, ungewaschen, unrasiert und langhaarig, demnächst aus unserem deutschen Vaterland hinausgefegt.«

Unmutsäußerungen dieser Art gründen letztlich in der Spannungssituation zwischen Individuum und Kollektiv, dem Primärmodell zwischenmenschlicher Konflikte. Adaptiert sich das Individuum, so bleibt es vor der kollektiven Wut verschont; unterscheidet es sich aber störend vom Normschema, so wird es als Fremdkörper abgelehnt und ausgestoßen. Die Rolle eines Außenseiters in der Gesellschaft ist umso tragischer, je hinterweltlerischer die Struktur derselben ist, denn eine organisierte *HW* attackiert mit jener ungezügelten Aggressivität der Ratte alle Artgenossen, die verschuldet oder unverschuldet ihr Mißfallen erregen, welche Aggressivität sich nach dem Gesetz der positiven Rückkoppelung bis zur nazistischen Ausrottungshysterie steigern kann.

Die Aggression als Folge der Spannung, die zwischen Individuum und Kollektiv besteht, ist auch dort gegeben, wo sich eine Gesellschaft als pluralistisch versteht, denn auch in einer pluralistischen Gesellschaft gehört jedermann irgendeiner Minderheit an, die von der Mehrheit als fremd oder ab-artig empfunden wird. Egal ob es sich um eine pluralistische oder uniforme Gesellschaft handelt, immer steht das Individuum in einer Außenseiterrolle, jenes Individuum, das Ludwig Marcuse die »winzigste, ohnmächtigste und strahlendste Minderheit« nennt. In dem von Bernhard Doerdelmann herausgegebenen Sammelband *»Minderheiten in der Bundesrepublik«* liest man, daß der Vizepräsident des Ringes deutscher Makler die unerwünschte Konkurrenz in seinem achtbaren Gewerbe

in dieser Reihenfolge aufgezählt haben soll: »Zuhälter, Kriminelle, ja sogar Gastarbeiter.«
Ob Gastarbeiter hier, ob dort Sektenmitglieder, Zigeuner, Obdachlose, Transvestiten, Strafentlassene etc., immer gibt es Minderheiten, die es sich gefallen lassen müssen, in anrüchigem Ruf zu stehen, ausgestoßen zu sein und die Diskriminierung durch die Mehrheit zu dulden. Diese Diskriminierung ist umso deutlicher, je starrer die Struktur der Gesellschaft, in die Individuum oder Minderheit hineingestellt sind. Die aggressiven Reaktionen erfolgen umso automatischer, je mehr sich eine Gruppe als Kollektiv organisiert; je primitiver der Geist dieser Gemeinschaft, desto ungehemmter entladen sich die Aggressionsenergien; je dogmatischer die axiologischen Prinzipien, desto intoleranter reagieren deren Verfechter; je inhaltsleerer die normativen Muster, desto dichter scharen sich die Lemuren der *HW*.
Der Sadismus der hinterweltlerischen Moral tritt in jenen Fällen offen zutage, wo die Gesellschaft Unschuldige in die Rolle des verfemten Außenseiters zwingt. Am Schicksal des ledigen Kindes lassen sich selbst in unserer Zeit noch die Folgen der organisierten Frömmelei demonstrieren. Eine Kirche, die behauptet, das Lehrgut Christi zu verwalten, hat das außerehelich geborene Kind zum minderwertigen Subjekt und zum Menschen zweiter Ordnung gestempelt. Nach dem kanonischen Recht muß z. B. der »in Sünde« gezeugte Sproß einer unverheirateten Mutter um Dispens ansuchen, will er zum Priester geweiht werden; trotzdem kann er zeitlebens nicht zum Bischofsrang aufsteigen, denn — so argumentiert man messerscharf — Kinder, die nicht einer kirchlich sanktionierten Ehe entstammen, neigen zur Haltlosigkeit und sind potentielle Sittenstrolche.
In ländlichen Gemeinden und »gutbürgerlichen« Kreisen

bekommen die außerehelichen Kinder ihre Minderwertigkeit und die Verworfenheit ihrer sündhaften Existenz häufig bis ins Erwachsenenalter zu spüren. Das Verbrechen, das eine »christliche« *HW* an einem Heer unschuldiger Kinder verübt hat, scheint selbst mit dem bekannten Mühlstein Jesu schwer sühnbar zu sein. Einen Menschen aus dem nichtigen Grunde zu deklassieren, weil er unter einer unverschuldeten Konstellation geboren wurde, die eine etablierte Gesellschaft verurteilt, widerspricht nicht nur den elementarsten Prinzipien eines generellen Humanismus, sondern fordert auch die opponierende Kritik jedes bekennenden Christen heraus, sowie er sich vom Sektierertum der Kirchen gelöst hat.

Die satanische Bosheit hinterweltlerischer Aggressivität manifestiert sich nicht weniger deutlich am Schicksal der sexuell »Ab-Artigen«. Die Abscheu vor dem »Perversen« resultiert in der Hauptsache aus jener klerikalen Sexualpolitik, die in einer Jahrhunderte dauernden Fehlentwicklung jene stereotypen Sexualformeln herausgezüchtet hat, mit denen die Autoren der kirchlichen Traktatenliteratur noch heute operieren.

Das Sexualverhalten, das quantitativ und qualitativ breit streut, wurde auf die schmale Verhaltensbreite der *positio recta* eingeengt, die nur unter bestimmten Menschen (unter Eheleuten), zu bestimmten Zeiten (in der Stille der Nacht), an bestimmten Orten (im Ehebett), unter bestimmten Umständen (zur Zeit der Konzeptionsfähigkeit) oder allenfalls in Form des »römischen Rouletts«, wie der amerikanische Bischof Pike die kirchlich tolerierte Methode der Empfängnisverhütung bezeichnete, geduldet wird. Wer von diesem Schema abweicht, gilt als sündhaft oder gar pervers.

Spätestens seit den Analysen von Alfred Kinsey ist es auch einem breiten Publikum klar geworden, daß bei keiner Verhaltensweise die Kluft zwischen Norm- und De-Facto-Verhalten sosehr klafft wie im Sexualleben. Im Zwiespalt von Tabu und Beichtspiegel einerseits und der physiologischen Konstitution andererseits blühen noch immer jene ekklesiogenen Neurosen, die zum pathologischen Nährboden echter Perversionen reifen können.

Seit die Sexualität aus dem schmutzigen Hinterhof geächteter Düsternis hervorgeholt und auf dem sauberen Seziertisch der Wissenschaft quantitativ und wertneutral analysiert worden ist, verwandelt sich die historische Rückschau auf und die aktuelle Einschau in die Sexualmoral der *HW* zur kapitalen Anklage. Auf der Basis einer Sexualmoral, die den Menschen das Recht auf sexuelle Mündigkeit entzieht, hat sich jener heilige Zorn der »Reinen« auf alle »Ab-Artigen« entwickelt, welcher Haß die antihumane Gesinnung der Sittenrichter verrät.

Helmut Schelsky, der den Menschen als ein polymorph disponiertes Sexualwesen definiert, empfiehlt mit gutem Grund, sogenannte »Ab-Artigkeit« und »Perversionen«, mit welchen Begriffen unseriöse Pogromstimmungen aktiviert werden, als »seltene Fälle« zu bezeichnen. Es genügt vollauf, wenn die *HW* mit der Wollust des Pharisäers ihre Attacken gegen die »Ab-Normalen« reitet und die Schleusen ihres Sprachreservoirs (Schwein, Drecksau, Perversling ...) öffnet. Hinweise auf die gute alte Zeit, in der KZ-Schergen mit solchen »Volksschädlingen« kurzen Prozeß machten, sind noch durchaus an der Tagesordnung. Die aggressive Haltung der *HW* gegenüber den sexuell »Ab-Artigen« ist Ausdruck einer massiven Minderwertigkeit, die sich hinter dem solidarisch aufpolierten Mäntelchen »Ich gehöre zu den Guten« verbirgt.

Im Gefühl, Teil der »guten« Mehrheit zu sein, reagiert die *HW* ihre unbewußten Minderwertigkeitsgefühle auf Kosten einer »bösen« Minderheit ab, sei es, daß es sich um

Homophile oder um Transvestiten handelt. Der Schrei nach Vernichtung »perverser« Elemente übertönt in manchen Kreisen auch heute noch den Rat Wohlmeinender, die dem »gesunden Volksempfinden« die helfende Führung eines verstehenden Arztes vorziehen.

Der Urmotor menschlicher Aggressivität ist die Intoleranz, signifikantes Charakteristikum der *HW*, welche mit steigender ideologischer Verhärtung zunimmt. Aus der dogmatischen Enge einer statischen Welt resultieren die Streitigkeiten der politischen Lager, der Konfessionen und Sekten, da jede Partei für sich den Anspruch auf absolute Wahrheit und auf das ewige Heil erhebt. Während in Zentraleuropa die Querelen der Konfessionen allenfalls in Seitentälern zu Wirtshausschlägereien ausarten, herrscht in Nordirland noch immer der Geist des dreißigjährigen Krieges. Katholiken und Protestanten, konfessionell verfehdet und sozial in Knechte und Herren gespalten, liefern sich auf offener Straße blutige Gefechte und führen einen permanenten Kleinkrieg im Guerillastil. Mit dem Fanatismus ideologischer Blindheit streitet jede der kriegführenden Parteien für ihren allein seligmachenden Glauben, der vor langer Zeit aus dem Geist christlicher Feindes- und Nächstenliebe gespeist wurde.

Diese Zeit, in der das Bekenntnis zum Du, die christliche Grundgesinnung des »amo ergo tu es«, lebendig war, liegt weit zurück, zumindest vor dem 4. Jahrhundert, als das Christentum noch nicht zur Staatsreligion deklariert wurde und zu einem politischen Machtapparat denaturierte. Das Wort Christi scheint sich jedoch in unserem Jahrhundert z. T. wieder zu inkarnieren, nachdem sogar Theologen an der formalistischen und ideologischen Struktur der Kirche zu rütteln begonnen haben und aus dem verstaubten Machwerk den ursprünglichen Geist eines lebendigen Tatchristentums hervorzukehren bemüht sind.

In einer Diskussion mit Theologiestudenten meinte ein Studikus der konservativen Universität Fribourg: »Wenn ein Christ aus der Kirche austritt, so ist das absolut positiv zu bewerten, denn hinter dieser Aktion stehen zumindest eine Überlegung und ein Entschluß im Gegensatz zur passiven Haltung schlapper Taufscheinkatholiken. Und übrigens, würde Christus heute wiedergeboren, sein erster Schritt der Mündigkeit wäre es, aus der Kirche auszutreten.«
Noch klarer und progressiver formuliert es Hubertus Halbfas: »Jesus stiftete unter allen Gesetzesfrommen eine Verwirrung, die in der späteren Kirche bereits bei ungleich schwächeren Provokationen zu Ächtung, Kerker oder Scheiterhaufen führte und die diesen Jesus in der heutigen Kirche zum bestgehaßten Störenfried und zu einem ebenso wie damals im Namen des Allerhöchsten Exkommunizierten machen würde.«
Die Kirche als machtpolitisches System hat seit Constantins Zeiten die aggressive Haltung eines Monopolismus eingenommen, die in der langen und schmählichen Kampagne des Antisemitismus gipfelt. Der Kulturhistoriker Friedrich Heer, der die Geschichte des Antisemitismus im christlichen Abendland nachgezeichnet hat, interpretiert den europäischen Antisemitismus an Hand eines umfangreichen Materials als eine Konstruktion der Kirche. Der im Neuen Testament belegte Ruf fanatisierter Juden »Sein Blut komme über uns und unsere Kinder!« scheint einer der am meisten mißbrauchten Sätze zu sein, mit dem bibelgläubige »Christen« ihre unmenschlichen Pogrome in gottgefälliger Weise motivieren konnten. Da die Attrappe des bösen und gemeinen Juden nach Belieben präsentiert werden konnte, hatte die Plebs ihren Prügelknaben, an dem sie ihre Lust an Mord und Zerstörung unter Applaus abreagieren konnte.

Daß eine christliche Gemeinde einen Juden auch heute noch als Fremdkörper empfindet, veranschaulicht die *»Übersicht über das verflossene Jahr«* der St.-Laurentius-Gemeinde in Herzebrock-Clarholz, in der es heißt: »Die Zahl der Andersgläubigen hat sich mit 539 Personen nicht verändert. Nur habe ich mit Erstaunen gelesen, daß unter ihnen einer der jüdischen Religionsgemeinschaft angehört.« Noch anschaulicher wird die mittelalterliche Gesinnung mancher Gottesdiener in einer Episode deutlich, die sich am Palmsonntag des Jahres 1969 in einer römischen Kirche zugetragen hat. Der Universitätsdozent Fabrizio Fabrini, der wegen seiner pazifistischen Einstellung mit dem Gesetz bereits mehrmals in Konflikt geraten war, wurde zu zwei Monaten Gefängnis ohne Bewährung verurteilt, weil er die Predigt eines Pfarrers unterbrochen hatte, der die nationalsozialistischen Vernichtungslager »als Erfüllung des göttlichen Zorns« und die Jahrhunderte währenden Verfolgungen der Juden als »eine zwangsläufige Folge ihrer Verantwortung für die Kreuzigung von Jesus Christus« bezeichnet hatte (UPI 18. 8. 69).

Daß zwischen Primitivität und Aggressivität eine wesenhafte Beziehung besteht, hat bereits Boethius erfaßt, als er kurz vor seinem Foltertode im Kerker in seiner philosophischen Trostschrift notierte: »Die Bosheit ist die Intelligenz der Dummen.« Die Wahrheit dieses Spruches mußte wie keine zweite Minderheit das Volk der Juden am eigenen Leib erfahren, die stets dem pathologischen Haß einer zahlenmäßig überlegenen, geistig aber unterlegenen Majorität ausgeliefert war. Der Jude, von Kirchenkreisen zum Satan gestempelt, wurde zum Prügelknaben der europäischen Nationen, dem man die Schuld an Mißernten, Mißgeburten, Seuchen, Pest, Mord etc. in die Schule schieben konnte.

Die Dezimierungspolitik der Judenpogrome, Ursymbol

hinterweltlerischer Aggressivität, erreichte in der NS-Unkultur, der düstersten Form hinterweltlerischen Wahnsinns, ihren traurigsten Rekord. Den Zusammenhang von *HW* und Antisemitismus erkannte schon Friedrich Nietzsche, wenn er schreibt, »daß der Kampf gegen die Juden immer im Zeichen der schlechteren, neidischeren und feigen Naturen gewesen sei. Wer jetzt daran teilnimmt, muß ein gutes Stück pöbelhafte Gesinnung in sich tragen.«
Auch die moderne Psychoanalyse hat überzeugend nachgewiesen, daß der Haß gegen die Juden nicht zuletzt im Haß der (mental) Impotenten auf die (zu Recht oder zu Unrecht beneideten) Lebens- und Liebesfähigeren begründet liegt. Am Haß der »Schlechtweggekommenen« auf das »denk- und liebesstärkste Menschengeschlecht« erkannte Nietzsche den plebejischen Charakter des deutschen Antisemitismus, gegen den der große Denker vergebens anzurennen suchte.

In prophetischer Schau sieht er voraus, daß »zu den Schauspielen, auf welche uns das nächste Jahrhundert einlädt, die Entscheidung im Schicksal der europäischen Juden gehört«. Wie ein Nachruf — geschrieben nach der Katastrophe — muten seine Beschwörungen und Preisungen der jüdischen Tugenden an, von denen nur eine zitiert sei: » . . . ihre Tapferkeit unter dem Deckmantel erbärmlicher Unterwerfung, ihr Heroismus in *spernere et se sperni* übertrifft die Tugenden aller Heiligen. Man hat sie verächtlich machen wollen, dadurch, daß man sie zwei Jahrtausende lang verächtlich behandelte und ihnen den Zugang zu allen Ehren, zu allem Ehrbaren verwehrte, dafür sie umso tiefer in die schmutzigeren Gewerbe hineinstieß . . .«

Das »christliche« Abendland verstand es, das Bild des Juden zur massenwirksamen Negativ-Attrappe zu modellieren. Sämtliche Züge, die die Psychologie als Auslöserreize für aggressive Reaktionen beschreibt, kehren an diesem Bild wieder: Die Übertreibung habitueller, rassisch relevanter Eigenheiten zur Karikatur, wie wir sie aus dem *»Stürmer«* und heute aus *»Al Achram«* kennen, die Identifikation mit dem Satan in der klerikalen Kunst des Osterspiels und der Kirchenmalerei, die Verurteilung zu den unehrenhaften Berufen des Geldgeschäftes und Ausschluß aus den »ehrbaren« Zünften, das Anlasten von Verbrechen wie z. B. dem des Ritualmordes usw.

Die rassischen und religiösen Eigenarten allein scheinen aber den Antisemitismus nicht hinreichend zu motivieren. Das jüdische Volk, Elite unter den Nationen, spielt unter den Menschengeschlechtern eine ähnliche Rolle wie der Primus im Klassenverband. Ein Vorzugsschüler, stets gehaßt und selten geachtet, wird, läßt er abschreiben, aus utilitaristischen Motiven gerade toleriert; läßt er aber die Mitschüler nicht an seiner geistigen Überlegenheit partizipieren, wird er schikaniert und mitunter grün und blau geschlagen. Aus dem Gefühl geistiger Unterlegenheit resultieren Neid und Haß, und es werden jene Kräfte mobilisiert, über welche die Plebs uneingeschränkt verfügt: Gewalt und Terror.

Am Schicksal und Los der Juden, von denen der »Antichrist« Nietzsche sagt: »Die Juden haben Geist, sie sind die Griechen des christlichen Abendlandes, Menschen mit Leidenschaft, Lebens- und Liebenswillen«, scheint sich diese These zu bestätigen. Die Juden, die echten Europäer in einem von mittelalterlichen Denkmustern verdüsterten Abendland, waren stets als geistig elitäre Minorität, »welche das Banner der Aufklärung und der geistigen Unabhängigkeit unter dem härtesten persönlichen Zwang festhielten«, dem Gutdünken einer pöbelhaften Majorität ausgeliefert und wurden daher immer wieder das Opfer von Neid und Haß der »Herrenmenschen«.

Der Antisemitismus dürfte letztlich aus diesem Mechanismus heraus, dem Unwillen des Urneides, zu erklären sein, den der Jude aufgrund seiner Tüchtigkeit und intellektuellen Überlegenheit als Salz im Teig der Völker erregt, ähnlich dem Vorzugsschüler im Klassenverband oder dem intellektuellen »Außenseiter« in der *HW* (oder dem Deutschen in Europa). Das Kollektiv aber bedarf, wie Machiavelli schrieb, des Prügelknaben, um in periodischen Abständen am Ersatzobjekt einer wehrlosen Minderheit seine neurotische Unlust abzureagieren und wieder zum braven, gefügigen und manipulierbaren Volk der Biedermänner zu geraten.

Stets erregt die Fremd- und Andersartigkeit den Haß der *HW*, sei es ein von der Norm abweichendes Verhalten, eine andere Konfession, rassische Eigenarten oder alles zusammen wie die Attrappe des Juden. Xenophobie, Fremden- und Rassenhaß zählen zum fixen Verhaltensrepertoire einer in Raum und Zeit eingesessenen *HW:* Die Slawen werden zu Hunnen, die Neger zu Niggern, die Araber zu Barfüßlern, die Vertreter der dritten Welt, welche Bezeichnung die Degradierung signalisiert, werden rundweg als Analphapeten oder Kannibalen deklassiert. Gedenkt die *HW* eines benachbarten Stammes oder Volkes, so wird die betreffende Gruppe stets mit demselben liebevollen Praefix charakterisiert: die Sauschwaben, Saupreußen, Sauböhmen, kurz, das Saupack, das die restliche Welt präsentiert. Des fremden Idioms nicht mächtig und von der fremden Sitte und vom fremden Habitus angewidert, reagiert die *HW* auf »sippenfremde« Artgenossen nach dem Verhaltensschema der Ratte. Ohne Verständnis für die fremde Mentalität und bar jeder Toleranz quittiert sie die Begegnung mit dem »Zugereisten« in der Regel mit zorniger Ablehnung.

Ein Opfer moderner Xenophobie wurde in erster Linie

der Fremdarbeiter, der zwar für den Wohlstand seiner Wirte schuften darf, aber oft der elementarsten Grundrechte entbehrt. Vor allem aus der Schweiz, in der z. T. ein erschreckender Chauvinismus blüht, häufen sich die Berichte über eine typisch hinterweltlerische Behandlung der Gastarbeiter. Die Wut auf »fremde Fötzel«, durchaus kein Privileg der Eidgenossen, ist im Land der Kantönli wahrscheinlich deshalb zur manifesten Größe gereift, weil der starre Geist kantonaler Lokalpolitik und die eingesessene Denkungsart der Mitbürger Gottfried Kellers hinterweltlerisches Kapital konservieren und somit Fremden- und Rassenhaß fördern. Ein Studium der Gesetze und Bestimmungen für nichteidgenössische Arbeiter enthüllt die verwirrende Tatsache, daß in manchen Kantonen eine Apartheidpolitik betrieben wird, wie sie für Europa im allgemeinen ungewöhnlich ist.

Nicht weniger verwirrend sind die Bestimmungen, die jener zu beobachten hat, der sich um eine Einbürgerung bemüht. In einem Bericht der Gemeinde Biel liest man: »Wer ... nur fremde Zeitungen und Zeitschriften liest, kann nicht Anspruch darauf erheben, assimiliert zu sein.« Ausländern, die sich in Zürich um das Bürgerrecht bemühen, raten die Behörden, einen Sprachkurs für Schwyzer-Deutsch zu besuchen, denn Artikel 7 für die Richtlinien der Einbürgerung besagt: »Von den Bewerbern um das städtische Bürgerrecht wird verlangt, daß sie ... Schweizerdeutsch verstehen und eine deutsch-schweizerische Mundart in angemessener Weise sprechen.« Als die Polin Maria Guttmeyer, die bereits 30 Jahre in der Schweiz gelebt hat, ihren Einbürgerungsantrag ordnungsgemäß ausgefüllt bei der Berner Kommission einreichte, wurde die Kandidatin mit der Begründung abgelehnt, daß sie »weder sprachlich noch gesinnungsmäßig assimiliert« sei. Sie verstand nämlich nur mangelhaft Bernerdeutsch.

Der Fremde ist und bleibt in den Augen der *HW* ein Mensch zweiter Klasse; wo sie residiert, da wendet sich der Gast mit Grauen. In Ergänzung der Hofstätterschen Stereotypienforschung hat das psychologische Institut der Universität Innsbruck eine Forschungsreihe gestartet, in der untersucht wird, wie die einheimische Bevölkerung den ausländischen Gast sieht. Deutsche, Franzosen, Amerikaner, Engländer, Italiener usw. stiften bei der eingesessenen, in Vorurteilen denkenden Bevölkerung, die gewohnt ist, die Welt auf einen simplen Nenner zu schematisieren, bzw. nach einem vorfabrizierten Muster zu bewerten, spezifische Assoziationen, die selten das Ergebnis persönlicher Erfahrung sind.

Ein beliebiger Vertreter einer Nation wird, wenn er sich als Schwede oder Niederländer zu erkennen gibt, nach den ortsüblichen Vorurteilen bewertet. Nach den Gesetzen der Gestaltpsychologie abstrahiert das einheimische Volk die individuellen Züge am Bild des Fremden und generalisiert es zum vorprogrammierten Stereotyp, mit dem der Vertreter der fremden Nation trotz seiner Individualität als Mr. Brown oder Signora Rizzi identifiziert wird. Der Urlaubsgast, der in der freudigen Erwartung angereist kommt, Land und Leute kennenzulernen, sieht sich zur schematisierten Attrappe simplifiziert und fühlt sich von den Menschen des Wirtslandes verkannt (falls er nicht mit der gleichen vorgeprägten Gesinnung an sein Wirtsvolk herantritt: Ach, diese Tiroler in ihren Lederhosen!). Eine Analyse dieser Fremdenstereotypien verifizierte die Hypothese, daß die negativen Charakteristika in der Einordnung und Bewertung des Ausländers signifikant dominieren. Im heiligen Revier eigener Gottgefälligkeit glaubt sich der eingesessene Tiroler von Dieben, Räubern und Halsabschneidern umlauert, eine Situationskomik, die lokal nicht gebunden, sondern allerorts anzutreffen ist.

Die *HW*, Spiegel ihrer vorprogrammierten, in Raum und Zeit determinierten Welt, pflegt prinzipiell nur in der Freund-Feind-Kategorie zu denken. Zu den Freunden zählen z. B. all jene, die wie sie selbst das B-B-B-Schema (blond, blauäugig, blöd) signalisieren, das Heer der Feinde ist gekräuselten Haares, schlitzäugig, hohlwangig etc. Wissend um die Auslöserreize, welche die neurotischen Emotionen der *HW* aktivieren, ist es für Demagogen ein leichtes Spiel, wirksame Attrappen des Freßfeindes zu konstruieren, um die aggressiven Energien in die gewünschte Richtung zu kanalisieren. Wo immer sich die *HW* im faschistoiden Gleichschritt formiert, taucht die Attrappe des Freßfeindes in Form des Volksschädlings, Antichristen oder Untermenschen auf, den es auszurotten gilt. Jedes faschistoide Regime erfindet den Staatsfeind Nr. 1, der solange zum bestialischen Monstrum verzerrt wird, bis dessen Ähnlichkeit mit dem Bild des Menschen aufgehoben ist, um auch bei sensiblen oder kritischen Naturen die Tötungsbereitschaft zu steigern, bzw. um Regungen des Mitleids, die durch Identifikation entstehen würden, abzubauen.

In russischen Zeitungen finden sich noch heute die aus der Stalinzeit stammenden Karrikaturen des deutschen Militaristen, der in Gestalt einer blutrünstigen Bulldogge oder eines reißenden Wolfes unschuldige Kinder und wehrlose Frauen metzelt. Umgekehrt stempeln rechte Diktaturen in ihrem primitiven Kommunistenhaß den Bolschewisten zum gnadenlosen Killer, der die Welt der Guten mit seinen Schaftstiefeln zertritt und wahllos mordet und tötet. Jedes ideologisch erstarrte System zwingt seine Untertanen im Sinne der hinterweltlerischen Freund-Feind-Alternative zu entscheiden und die Menschheit in simpler Schwarz-Weiß-Malerei zu klassifizieren.

Aus dieser dualistischen Primitivideologie folgert die logische Devise: Wer nicht mit uns ist, ist gegen uns und gehört liquidiert. Die Logik dieses Denkens, das sich in nichts vom »Pariwat«-Haß der brasilianischen Mundurucu-Indianer unterscheidet, bedarf keiner Interpretation, trotzdem verebbt das Meer des Blutes, in das sie getaucht ist, stets aufs Neue zur nutzlosen Anklage, denn ohne Effekt verhallt in den tauben Ohren der *HW* die Predigt der Toleranz.

»Das Krokodil in uns«, wie Arthur Köstler die archaische Intoleranz der *HW* bezeichnet, kann nur dann gebändigt werden, wenn der aggressionshemmende Altruismus, der im Menschen ebenfalls als Instinkt angelegt ist, wieder stärker zur Geltung kommt. Die intraspezifische Aggression, die im Tierreich durch angeborene Hemmungsmechanismen abgefangen wird, ist beim Menschen kaum gebremst, da die Auslöserschemata dieser hemmenden Triebe nicht mehr funktionieren.

Die technische Entwicklung, die mit der Erfindung des Faustkeils begonnen hat, schuf soziale Distanz, hob die angeborene Tötungshemmung auf und ließ den aggressionshemmenden Altruismus mehr und mehr verkümmern. Die Entwicklung des Neuhirns, dem wir die technischen Erfindungen verdanken, ist mit dem Althirn, dem Sitz der Instinkte, in Konflikt geraten. Um die verschütteten Triebe der Tötungshemmung und des Altruismus wieder zu aktivieren, müßte die Friedensforschung neue Auslöserschemata erfinden, die unserer heutigen Lebenssituation entsprechen und die verlorene Einheit von Instinkt und den ihn auslösenden Attrappen wiedergewinnen. Gelingt es, solche Attrappen zu konstruieren, die unserem kulturellen Kontext entsprechen und das Althirn positiv effizieren, so besteht die Hoffnung, daß man die *paradoxe Aggression* der *HW* vielleicht eines Tages unter Kontrolle bringt.

Das Pathos der Form

Wo kein Netto, dort viel Tara

Der Weihrauch der Tempeldiener und das Rutenbündel der Liktoren sind die auffallenden Insignien von Kulturen, die sich im äußeren Pomp monumentalen Stils ausdrücken und ihren Leib in den Mantel einer strahlenden Fassade verhüllen. In solchen faschistoiden Gesellschaften wird die Kunst, das primärste Ausdrucksmittel der menschlichen Individualität und Freiheit, als Werkzeug einer Verklärungsideologie und einer repressiven Konservierungspolitik mißbraucht.

In diesem Prozeß der Stabilisierung verwandelt sich die neutrale Sprache der Form zur metaphysischen Sage eines politischen Willens, die formelle Struktur entfremdet zur *l'art pour l'art,* deren inhaltliche Leere durch den künstlichen Ernst zeremonieller Andacht maskiert wird. Im Stechschritt paradierender Lakaien und im Zirkelschritt des Kothurn bewegen sich die zentralen Figuren dieses Theaters über ihre selbst gezimmerte Bühne, die karnevalistische Maskerade dieses pompösen Treibens erstarrt zum sakralen Akt, die burleske Szenerie bekommt Eigenwert und entfremdet zur bestimmenden Kulisse.

Ein formalistischer Machtapparat monumentalen Ausmaßes beherrschte einstmals das Imperium Romanum, Vorbild und Ahnherr aller faschistoiden Systeme, dessen Erbe bis in unsere Zeit weiterlebt. Die politische Architektur, die Roms geniale Söhne zum Aufbau ihres Reiches entworfen haben, prägt noch heute den Stil zweier Institutionen, nämlich den der Kirche und zum Teil auch den der Jurisprudenz.

Der Anarchismus dieses Erbes, der einerseits in der Weitergabe antiker Vorstellungsinhalte, vor allem aber in der Überbetonung der formellen Struktur liegt, rückt Religion und Rechtssprechung aufgrund eines begründeten Vertrauensschwundes in die Nähe suspekter Scharlatanie. Theologie und Rechtswissenschaft stehen noch immer im Dienst der Erhaltung eines Systems, das sich im wesentlichen in Leerlaufmechanismen erschöpft und seine personellen, ideellen und materiellen Energien in der Pflege veralteter, sinnwidrig und leer gewordener Formen vergeudet.

Das System der *Religio Romana* blieb bis heute das Modell der römisch-katholischen Kirche, wobei das Beiwort »römisch« Geist und Herkunft verdeutlicht: das straffe, hierarchisch geordnete Management der Amtskirche, ihre Organisation und ihre Struktur, ihr Hang zu pompösen Umzügen und Schaustellungen, ihre Rituale und Kulthandlungen, die dogmatisch formulierten Thesen und Glaubenssätze, und ihre generelle Grundtendenz, religiöses Verhalten zu mechanisieren und die Wahrung formaler Prinzipien dem lebendigen Geist persönlicher Glaubensbereitschaft überzuordnen.

Tempelkult und Opferdienst werden von jeder *HW* als die primären und wesentlichen Kriterien der Religiosität gewertet, weil diese Zeremonien vor den Augen aller demonstriert werden, während die innere Haltung eines Gläubigen als unbedeutender, weil sozial irrelevanter Privatluxus abgewertet wird. Die zeremoniellen Kulthandlungen und die sakralen Riten, deren pomphafte

Äußerlichkeit den Herren des antiken Rom zweifellos zur konstruktiven Illusion gedieh, stehen jedoch im Zeitalter der interplanetarischen Kommunikation den Dienern des Vatikan schlecht an.
Der Geist der *Religio Romana*, welche die Wahrung formaler Prinzipien dem lebendigen Geist des Glaubens überordnet, ist bis heute ungebrochen. Er wird auch in jenen Fragen deutlich, welche das Heilige Offizium an den ehemaligen Monsignore Dr. Illich gestellt hat, der sich nach seinem Exodus aus dem Vatikan den sozialen Problemen Lateinamerikas gewidmet hat. Im Katalog von 85 Vorwürfen finden sich Fragen wie: »Ist es wahr, daß in Cuernavaca viele liturgische Seltsamheiten erlaubt sind, darunter die Zelebration und Conzelebration der heiligen Messe in Hemdsärmeln« oder »Ist es wahr, daß Sie dafür eintreten, daß die Eucharistie in Privathäusern gefeiert wird?«
Prunk und Pomp locken stets den Pöbel; die glitzernde Fassade von Lichtern, goldbestickten Gewändern und überladenen Altären stimuliert die Euphorie der Massen; das Pathos sakraler Zeremonien spiegelt die Freude der *HW* an rituellen Übertreibungen wider. Unter der Regie hinterweltlerischer Dramaturgen werden die kultischen Handlungen in Szene gesetzt und häufig bis ins Groteske verzerrt, so daß in dieser Form des Götzendienstes das eigentliche Anliegen, die Verehrung Gottes, zum sakralen Mummenschanz entartet.
Die Luft füllt der Atem von Weihrauch, dessen Schwaden die Kultbilder magisch umhüllen. In hierarchischer Ordnung vergattert und durch wallende Gewänder, Goldbehang, bunte Bänder und spitze Hüte funktionell differenziert, umschreiten die Auguren im rituellen Rhythmus das sakrale Areal, schleppen im Zeitlupentempo Kultgeräte hin und her und dokumentieren durch Über-

treibung und Wiederholung aller Verhaltensdetails die Tragikomik ihres Tuns, die in einer unbewältigten Vergangenheit gründet.
Akustische Signale, Glockenschellen und Orgelbrausen, untermalen die Redundanz der optischen Szenerie. Willig echot das Publikum die sakralen Formeln, die ihm vorskandiert und vorgesungen werden. Dieses optische, akustische und olfaktive Reizüberangebot aktiviert die magischen Instinkte der *HW*, die im Pathos der Stunde zur pseudo-religiösen Euphorie reifen, um beim letzten Schlußakkord wiederum im Nichts zu verebben.
Die *HW* pflegt religiöse Veranstaltungen wie Darbietungen der Kulturindustrie zu konsumieren, wobei auch der soziale Effekt des Gesehenwerdens entscheidend ist. Für die *HW* bedeutet Religion die Erfüllung formeller Pflichten und die Erledigung eines kultischen Rituals, das ein vorprogrammiertes Schema festlegt. Der Dienst an Gott verkümmert dabei zur kultischen Fron an der Form, die auf dem tabuisierten Areal der Tempelbezirke in zeitlich geregelter Periodizität abgedient wird.
Die Art und Weise, wie die *HW* ihre religiösen Pflichtübungen abwickelt, stempelt ihren Gott zu einem Feudalherrn monarchistischer Prägung, dessen Gunst ein barockes Zeremoniell sichern und dessen Ungnade und unberechenbare Zornesausbrüche ein Katalog stereotyper Beschwörungsformeln verhüten soll. Der *Deus creator* der Amtskirche gleicht im Prinzip dem römischen Jupiter Maximus, dessen Image zwar seit über 2000 Jahren unverändert geblieben ist, zum Wesen Jesu Christi aber nicht paßt. Im Stil antiker Pontifices, deren pompöser Opferkult bis ins Detail unverändert blieb, lebt die alte *»do-ut-des«*-Ideologie weiter, die Gott zu einem käuflichen Subjekt deklassiert, das sich einzig am theatralischen Pomp des Kultes zu delektieren scheint.

Diese Überbetonung formaler Elemente charakterisiert jene Amtskirche, die sich in erster Linie mit der Majorität der *HW* identifiziert. Wo Gott mit Syllogismen bewiesen und Religion als Teil eines politischen Geschehens begriffen wird, das zum periodischen Mechanismus degeneriert und sich im redundanten Prunk kultischer Leerlaufhandlungen erschöpft, dort stehen die Tempel der *HW*. Unter ihrem Diktat geriet das religiöse Verhalten zur scheinheiligen Frömmelei, die auf inneres Engagement verzichtet und sich auf die Fassade eines zynischen Pharisäertums beschränkt.

Die streitbare Irin Bernadette Devlin, Katholikin und Britanniens jüngste Unterhausabgeordnete, schreibt in ihren Memoiren: »Ich hasse die Begriffe ›guter Katholik‹ und ›praktizierender Katholik‹. Für mich sind es nur Bezeichnungen, aus denen hervorgeht, wie gut man heuchelt und wie gut man das Ritual befolgt. Man ist ein mustergültiger Katholik, wenn man jeden Tag zur Messe geht und auf dem Heimweg von der Kirche seine Nachbarn verleumdet.« Pessimistisch beurteilt auch Hubertus Halbfas die Situation der Amtskirche: »Der Apparat wird herrschen und sich selbst verwalten und die Kirche so sterilisieren, daß die bürgerliche Gesellschaft diesen Hort der Konvention und der Vorurteile noch mehr lieben wird.«

Der hinterweltlerische Glaube an die Priorität der Form kommt trotz Reformbemühungen auch in der Jurisprudenz zum Ausdruck. Unter Wahrung eines geheiligten Rituals, das den Mythos der Wahrheitsfindung bekräftigen soll, sprechen Justitias verbürokratisierte Diener *»sine ira ac studio«* Recht, d. h. ohne Voreingenommenheit und Parteilichkeit; ein Disengagement, das hinter dem Wandschirm objektiver Betrachtung das Fehlen von Menschlichkeit nur schlecht verschleiert oder entschuldigt.

Was an inhaltlichen Kriterien fehlt, machen der Formalismus des juridischen Fachdialekts und das Zeremoniell der Amtshandlung wett.

Auf einem erhöhten Podest sitzen die Richter, die mit Barett, Talaren, Roben (und in England mit Perücken) und in der Imponierhaltung der Erhöhung um Ansehen werben; in exponierter Position verharrt der Angeklagte, jener Unhold, auf den sie mit den Fingern zeigen; Anklage und Verteidigung stehen in Front. Dieses runde Bild ergänzen die Schar der Zeugen, zweifelhafte Instrumente der Wahrheitsfindung, die Schar der Geschworenen, die suspekte Repräsentation von Recht und Ordnung, und ein sensationslüsternes Publikum, das sich vom Atem des weihevollen Pathos faszinieren und von einem Hauch Gruselromantik neurotisieren läßt.

In dieser vorbelasteten Atmosphäre, deren unnatürliches Air von linken Studenten wiederholt zum karnevalistischen Happening umfunktioniert wurde, bleiben die elementarsten Einsichten der forensischen Psychologie allzu oft unberücksichtigt. Die Konfetti-Happenings, die die hehren Säle der deutschen Gerichte in kurzfristige Zentren der Lustbarkeit verwandelten, demaskierten im befreienden Gelächter eines verständigen Publikums die neurosogene Formalstruktur juridischer Institutionen. Der blinde Gehorsam gegenüber der formalen Norm und die Vergottung der kodifizierten Satzung zur absoluten Rechtsidee haben Justitias gläsernen Turm zum hohlen Gesetzesapparat entfremdet, der mit Recht der Kritik jugendlicher Reformer ausgesetzt ist.

Nicht ohne Grund hat eine hinterweltlerische Rechtsprechung das Vertrauen in die Gerichtsbarkeit erschüttert, entspricht doch der formalistische Maßstab in den seltensten Fällen der psychologischen Situation einer sich permanent wandelnden Gesellschaft. Die Sprache des Paragraphen erscheint der richtenden Autorität umso besser geeignet, der komplexen Motivation menschlicher Verhaltensstörungen gerecht zu werden, je abstrakter die Gesetze formuliert werden und je formeller die juridische Terminologie zum Einsatz kommt. Anstatt die medizinischen und psychologischen Realitäten zu prüfen, die die Konflikte des Angeklagten motivierten, wird die Tathandlung mit dem formalen Raster des Paragraphen gesiebt, welches Untersuchungsverfahren die Kriterien für die Rechtssprechung liefert. So erschöpft sich die Jurisprudenz im wesentlichen in der Entwicklung eines Fachdialekts und in der Kunst, das Fehlen menschlicher Einsicht durch terminologische Glätte zu maskieren.

Jedes etablierte System verhüllt das klapprige Skelett seiner wahren Substanz mit pompöser Äußerlichkeit, die umso üppigere Blüten treibt, je dürftiger der Wert dieses Systems ist. Je überlebter und überflüssiger eine Institution geworden ist, desto grotesker die Rituale und desto bunter die Röcke, in denen sich die Vertreter dieser verstaubten Welt präsentieren. Das Pathos, das eine Institution entwickelt, bzw. die Summe ihrer Hymnen, Fahnen, Uniformen, Rituale und Zeremonien sind reziprok zur Substanz, welche sich hinter dieser theatralischen Kulisse verbirgt.

Unsinn bedarf stets der Maske des Sinns, wo kein Sein, dort zumindest ein Schein. So vergeuden Monarchien, die sich überlebt haben, ihre letzten Energien in der Veranstaltung überflüssiger Shows, welche nur einer *HW* von Vorgestern imponieren, und unterhalten Armeen, die sich unter Verzicht ihrer primären Aufgaben in Paraden und militärischen Umzügen verausgaben. Der Wiener Volkswitz bewahrte einen Ausspruch, der auf das Jahr 1914 datiert ist und eine solche Situation treffend karikiert: Kurz nach Ausbruch des ersten Weltkrieges sollen die Zuschauer anläßlich eines Aufmarsches, bei dem die Abordnungen aller Truppenteile in ihren bunten Paradeuniformen teilnahmen, in kummervoller Resignation ihrem Unmut mit den Worten Luft verschafft haben: »Jetzt hamma a so a schöne Armee, und was macht der Kaiser damit, so a Schand, er schickt's in Krieg!«

Mit ähnlicher Fassungslosigkeit verfolgen die Festlandeuropäer das monarchistische Ritual auf Großbritanniens Inselboden, sei es, daß sie das alltägliche Zeremoniell einer Wachablösung vor dem Buckingham Palace oder vor den Toren der Residenz in Windsor bestaunen, wenn die Träger der Bärenfellmützen mit Stampfen und Schreien ein Bild ridikulöser Automatik bieten — selbst Englands Söhne bekunden beim Anblick dieser Dressurübung reservierte Heiterkeit —, sei es, daß sie das pompöse Zeremoniell einer Krönung auf dem Bildschirm verfolgen.

Da die *HW* zwischen Sein und Schein selten zu unterscheiden vermag, läßt sie sich stets vom äußeren Prunk inhaltsleerer Formen faszinieren. Aus ihrer Freude an zeremonieller Redundanz und rituellen Übertreibungen resultiert jenes theatralische Pathos, das im Verhalten aller etablierten Gruppen und Subkulturen zum Ausdruck kommt, sei es, daß korporierte Studenten einen Kommers schlagen oder der professorale Geist bei akademischen Feiern antiquierte Ordnungen beschwört, sei es, daß ein offizieller Staatsakt, die Angelobung zum Militärdienst, die Einweihung einer Schule oder der Empfang einer ausländischen Regierungsdelegation in Szene gesetzt wird oder ein privater Festakt, Taufe, Hochzeit oder Begräbnis, über die Bühne geht, sei es, daß die Kirche zum Umzug ladet oder sich ein Thron huldigen läßt: Überall weht der muffige Geist pathetischer Übersteigerung, der das Fehlen existentiell relevanter Werte ersetzen soll.

Wenn sich eine Gruppe institutionalisiert und sich mit einem formalistischen Machwerk zu maskieren beginnt, entwickelt sich automatisch das Bedürfnis, triviale Alltäglichkeiten und unwichtige Verhaltensdetails zu ritualisieren. Das Verhalten korporierter Studenten, die im Bierdunst den Idealen vergangener Epochen nachtrauern, zeigt alle Merkmale dieses Ritualisierungsprozesses, wie er für hinterweltlerische Subkulturen typisch ist.
Zu Beginn eines Kommerses marschieren die Chargierten, die mit Säbeln bewaffnet und mit bunten Schärpen, bestickten Röcken und bunten Mützen herausgeputzt sind, im donnernden Stechschritt ein und beziehen an markierten Plätzen Stellung. Mit tierischem Ernst überwachen sie die strikte Einhaltung des Comments, eines Verhaltenscodex, der jedes Verhaltensdetail regelt und definiert. Auf Befehl singen, sprechen und trinken die Teilnehmer, wobei ihr Verhalten von einem starren, tradierten Programm festgelegt ist. Trivialste Alltäglichkeiten, wie der Genuß, bzw. die Ausscheidung des teutonischen Gerstensaftes sind bis in Detail ritualisiert und von den Formeln einer Kultsprache, einer Mischung aus Vulgärlatein und Feiertagsdeutsch, übertüncht.
Eine Fülle von Statussymbolen, wie farbige Bänder, Kappen, Ringe, Bierzipfel und Anhänger, Wappen und Fahnen, und das geheiligte Idiom ihrer Kultsprache steigern die Illusion der Exklusivität und das Selbstwertgefühl der Gruppe, die sich der Leere ihres Tuns selten bewußt ist. Im Irrglauben, wertvolle Ideale zu retten und die Mitglieder zur sozialen Reife zu erziehen, verlieren sich korporierte Studenten in einer Romantik, die im sinnwidrigen Pathos entartet, und Zeugnis einer überlebten Subkultur geworden ist.
Geistige Inzucht, kreativer Stillstand und schöpferisches Versagen sind die Insignien einer Gesellschaft, deren Mit-

glieder die Funktionalität eines Gemeinwesens mit formalistischen Maßstäben und den Wert eines Menschen mit Äußerlichkeiten bestimmen. Solche Kriterien der Stagnation bestimmen auffallend die Kulturpolitik des heutigen Österreich, das sich einst als Kulturmotor ersten Ranges erwiesen hat, heute aber zum musealen Zeugnis einer Vergangenheit zu werden droht, die zur permanenten Gegenwart erstarrt.

Böse Zungen behaupten, daß sich in der Donaumetropole das kulturelle Verhalten auf die Konservierung tradierter Güter beschränke, und die historische Besinnung sich in einer Verklärungsideologie erschöpfe. Die Rolle einer aktiven Kulturpolitik vertrete der Restaurator, der die Sprünge in den Wänden der Museen und Schauräume ausgipst, und an der Stelle einer kreativen Denkindustrie walte jener Geist des Rückblicks, der den Nutzen aus der historischen Rückschau zu ziehen nicht imstande sei.

Der k. u. k. Tradition verdankt Österreich auch den Ruf, das Fehlen eines produktiven Leistungsprinzipes durch den Glanz eines ehrenvollen Titels zu ersetzen. Noch immer ist Österreich berüchtigt, den Wert seiner Bürger mit jenen Titeln auszumessen, die zwar als formale Aushängeschilder fungieren, hinter denen aber die Langeweile, nach außen hin geschäftig tuend, gähnt. Der Glanz, der Hofräte, Geheimräte oder Barone umgibt, schafft auch jenes lebenswichtige Selbstwertgefühl, das mangelnde Leistung zu produzieren nicht in der Lage ist.

Titel, Rituale, Zeremonien etc., all diese pathetischen Formprinzipien bilden in ihrer Gesamtheit jene pompöse Szenerie der *HW*, hinter der man nur wenige substantielle Werte findet. Das Pathos der Form charakterisiert den Habitus der *HW* so signifikant, daß es gerechtfertigt erscheint, diesem Charaktermerkmal einen eigenen Begriff zuzuordnen. Aus der Sprache des Geschäftslebens bietet

sich die Bezeichnung *Taraismus* an, mit welchem Begriff der Hang zur formalistischen Übersteigerung anschaulich ausgedrückt wird:
Da der Netto-Wert von Waren selten zu überzeugen vermag, bedarf es einer auffälligen Verpackung, der Tara, um über den eigentlichen Inhalt hinwegzutäuschen. Ähnlich ist es mit der *HW* bestellt, die in der gleichen Weise das dürftige Skelett ihres substantiellen Seins mit äußerlichem Zierat maskiert, um sowohl ihre Blößen zu verdecken, als auch um ihrem Bedürfnis nach irrealer Pathetik gerecht zu werden. Der Schein und die Maskerade dominieren, während echte Werte, da kaum vorhanden, ohne Bedeutung sind. Indem die *HW* äußerem Zierat und redundanten Formen eine zentrale Rolle zubilligt, bekennt sie sich zum Weltbild des *Taraismus*.
Dieser Verfremdung der Wirklichkeit entgegenzutreten, bemüht sich — wenn auch mit unterschiedlichem Erfolg — mit überzeugendem Einsatz nur die Jugend, da sie aus ihrem »naiven« Weltbild heraus die Grenzen zwischen Sein und Schein nicht nur aufzuspüren vermag, sondern auch mit idealistischem Eifer zu ziehen bestrebt ist.
Form und Inhalt sind komplementär, keines besteht ohne das andere. Die Form als Trägerin des Inhalts ist nicht aufhebbar. Bier, in Kaffeetassen serviert, mundet nicht; ein Rembrandt ohne Rahmen enttäuscht; ein Mensch ohne Umgangsformen stört etc. Wo aber die Form zum Selbstzweck entartet, dort feiert der *Taraismus* der *HW* üppige Urständ', dort gedeiht schnell jenes zuviel an Pathos, das es zu begrenzen gilt, widrigenfalls die Dramaturgen der *HW* das formalistische Machwerk zur absoluten Kulisse dämonisieren und die Szenerie einer Gesellschaft bestimmen. Wo die Form ihrer dienenden Funktion beraubt wird und zum absoluten Prinzip entartet, dort triumphiert jener *Taraismus* der *HW*, der schnell in Anti-

humanismus und Barbarei umschlagen kann, vor allem dann, wenn — wie zum Beispiel im NS-Reich — das Pathos der Form zur existentiellen Bedrohnis wird.

Das autoritäre Behagen

Gebt dem Kaiser, was des Kaisers ist.

Die Epoche der Scholastik wird oft als ein regressiver Klassizismus begriffen. Diese generalisierende Beurteilung ist zwar unrichtig, denn sie übersieht jene konstruktiven und revolutionären Impulse, die vor allem von der Franziskanerschule in Oxford ausgingen, aber dennoch bleibt dieser Zeit eine Verurteilung nicht erspart: der Vorwurf übertriebener Autoritätsgläubigkeit. Da auf die Bildung einer eigenen Meinung wenig Wert gelegt wurde, studierten die Schüler und Studenten in blindem Eifer die Disziplinen der Theologie und Philosophie, welche in doppelter Hinsicht determiniert waren: durch den starren Lehrsatz des Dogma und durch die Autorität des Aristoteles, bzw. der Kirchenväter.

Die Bücher des Aristoteles wurden bis in die Spätscholastik mit der kritiklosen Ehrfurcht des Gläubigen gelesen und kommentiert. Auf ihn berief man sich — wie heute die extreme Linke auf Mao —, wenn es galt, eine These zu verifizieren oder eine Behauptung mit dem Spruch einer anerkannten Autorität zu stützen. Was Aristoteles geschrieben hatte, galt als heilig. An der Richtigkeit aristotelischer Aussagen durfte man nicht zweifeln. Diese Autoritätsgläubigkeit gipfelte in der Formel: *ipse dixit* —

ER hat es gesagt! Wieweit der Einfluß der aristotelischen Autorität reichte, verdeutlicht eine Episode aus jener Zeit, die wir dem anglikanischen Schrifttum verdanken.
Im Refektorium eines Klosters bleiben die Mönche nach der Einnahme des Abendessens in trauter Eintracht bei Tische sitzen und diskutieren bei einem Glase guten Weins belanglose Fragen und Alltagsprobleme, wie sie gesprächsweise anfallen. Im Laufe der Diskussion taucht die Frage auf, wie viele Zähne ein Pferd habe. Die Patres raten hin und her, stellen kühne Hypothesen auf, doch keine der Behauptungen vermag zu befriedigen. Schließlich kommt man überein, bei Aristoteles Rat einzuholen und in dessen Buch *»Über die Teile der Tiere«* nachzuschlagen. Während ein Mönch hinauseilt, um aus der Bibliothek den gewünschten Band herbeizuschaffen, meldet sich ein Novize zu Wort und schlägt mit stammelnder Stimme vor, man solle doch in den Stall hinausgehen, einem Gaul das Maul öffnen und die Zähne zählen. Nur aufgrund einer empirischen Prüfung könne exakt festgestellt werden, wie groß die Anzahl in der Tat sei. Darauf erhebt sich im Saal allgemeines Protestgeschrei, und der vorwitzige Mönch wird auf Befehl des Abtes unverzüglich mit Ruten gestrichen, weil er es gewagt hat, die Autorität des Aristoteles in Frage zu stellen.
Diese Geschichte ist nett zu lesen und klingt wie eine Sage aus verflossenen Zeiten. Doch diese Vermutung ist irrig, denn die Episode vom gezüchtigten Novizen ereignet sich als Parabel Tag für Tag in einer Gesellschaft, in der die Gesetze der *HW* Geltung haben und deren Mitglieder die Spielregeln einer demokratischen Odnung im Unterbewußtsein verurteilen. Wie tief auch in der sogenannten demokratischen Gesellschaftsordnung des Westens blinder Gehorsam und Autoritätsgläubigkeit verwurzelt sind, beweisen die Versuche des amerikanischen Psycho-

logen Milgram, der die bekannten Grausamkeitstests entwickelt hat:
Versuchspersonen, die die Rollen von Lehrern übernehmen, werden angehalten, unfolgsame und widerspenstige »Schüler« mit Stromstößen von steigender Intensität zu strafen. In Wirklichkeit ist die Situation nur fingiert. Die Stromleitung ist ohne Strom, die Schüler spielen nur Theater, aber die »Lehrer« wissen das nicht und halten die Schreie ihrer Schüler für einen echten Schmerzensausdruck. Im Laufe des Experiments befiehlt der Versuchsleiter den »Lehrern« trotz der Schreie der »Schüler« mit der Steigerung der Stromstöße fortzufahren. Das Forschungsresultat erschütterte selbst den Wissenschaftler: 66 % der »Lehrer« gehorchten bis zu vermeintlichen 450-Volt-Schocks. Auch in den USA, so folgert Milgram, wären mühelos »genügend moralische Kretins« als Aufseher für ein KZ anzuwerben.

Milgrams pessimistische Beurteilung wäre wahrscheinlich noch negativer ausgefallen, hätte er seine Untersuchung in Deutschland durchgeführt. Im Rahmen einer vergleichenden Studie stellte nämlich der TV-Redakteur Hans Lechleitner fest, daß bei dem von ihm organisierten Milgram-Test 85 % der Versuchspersonen ohne Skrupel den Befehlen des Experimentators nachkamen. Blindlings gehorchten sie den Anweisungen des Versuchsleiters und traktierten ihre »Schüler« mit vermeintlichen 450-Volt-Schocks. Selbst junge Menschen aus Subkulturen, denen eine antiautoritäre Gesinnung nachgesagt wird, verhielten sich nicht anders als langgediente subalterne Beamte. APO und Opa bewiesen überzeugend, daß sie im Grunde aus demselben Holz geschnitzt sind.

Der deutsche Untertan hat — egal aus welchen Kreisen er kommt — nach dem Report von Hans Lechleitner in seiner Autoritätsgläubigkeit wenig bis nichts hinzugelernt.

Nach den Ursachen seines Verhaltens befragt, gab eine Versuchsperson die bezeichnende Antwort: »Ich bin seit 1955 Beamter, da wird man so.« Daß es in Deutschland tatsächlich mehr Milgram-Kretins gibt als im (nicht viel besseren) Amerika, beweist auch eine Befragungsuntersuchung, in der das Erziehungsverhalten der Bundesbürger mit dem der US-Amerikaner verglichen wurde.
Dabei stellte man fest, daß bei den Deutschen (im Gegensatz zu den Amerikanern) der Gehorsam im Katalog kindlicher Tugenden an erster Stelle rangiert und daß ein beachtlicher Prozentsatz der Nachkriegsdemokraten die Prügelstrafe für ein wirksames Erziehungsmittel hält. Zu noch extremeren Ergebnissen kam wenige Jahre vorher Werner Häverinck, der in seiner Studie *»Schläger der Straße«* mitteilt, daß 80 % der Bundesbürger die Prügelstrafe als eine adäquate Methode zur Erziehung »braver« Kinder erachtet, daß 18 % für eine gelegentliche Anwendung derselben plädiert und daß nur 2 % grundsätzlich dagegen sind. Versucht man den nebulosen Begriff »brav« in seiner Bedeutung auszumessen, so enthüllt man ein enges Bedeutungsvolumen, das von den drei Dimensionen des blinden Gehorsams, der Autoritätsgläubigkeit und Kritiklosigkeit determiniert wird.
In der Einstellung zum Kind und dessen Rolle offenbart sich ein Grundzug jedes Volkes. Es nimmt daher nicht Wunder, daß die deutsche Nation, deren Kultur auf den drei eben genannten Pfeilern ruht, für antidemokratische und faschistoide Ordnungen disponiert ist. Da die *HW* blinden Gehorsam, Kritiklosigkeit und Autoritätsgläubigkeit als die drei pädagogischen Urtugenden versteht, begreift sie Erziehung grundsätzlich als Dressur. In alttestamentalischer Zucht zieht die *HW* immer neue Geschlechter serviler Diener heran, denen ein gerüttelt Maß an Obrigkeitsdenken andressiert worden ist, weswegen

sie sich den Autoritätsstrukturen von Kirche und Thron willig unterwerfen. Um die Dressur zu Gehorsam und Unterwerfung zu vervollkommnen, werden die autorisierter Träger der pädagogischen Gewalt mit den Insignien der Unfehlbarkeit ausgestattet.

Der Führer, das Alpha-Tier, der *top-dog*, wie er in Ethologie und Soziologie genannt wird, irrt nie; was er sagt, gilt unumstößlich. Er ist unfehlbar. Der *top-dog* hält eine absolute Machtposition inne, während die *under-dogs*, dessen Untergebene, zu gehorchen, zu akzeptieren und zu glauben haben. Aus dem nämlichen Geist hat die katholische Kirche auf dem I. Vatikanischen Konzil des Jahres 1870 das Dogma der Unfehlbarkeit verkündet, das besagt, daß jeder Papst unfehlbar sei, wenn er in höchster Lehrgewalt Lehren über Glauben oder Sitten formuliert. Daß in allen autoritär-hierarchischen Institutionen die Inhaber bestimmter Positionen mit einem faktischen oder sogar dogmatisch festgelegten Unfehlbarkeitsanspruch ausgestattet sind, darf als typische Verfahrensweise angesehen werden, die nicht nur in katholischen, sondern auch in kommunistischen und allen faschistischen Systemen in gleicher Weise praktiziert wird.

Daß auch Hitler mit Unfehlbarkeitsansprüchen operiert hat, weiß man nicht nur aus seinem Verhalten, sondern auch aus seinem Buch *»Mein Kampf«*. Was aber Hitler in seinen Ausführungen zu wenig präzise formuliert, das kommt deutlich genug in den Erinnerungen des ehemaligen Reichsjugendführers Baldur von Schirach zum Ausdruck: »Hitler trat ans Fenster und blickte hinüber zur päpstlichen Nuntiatur auf der anderen Straßenseite. Er sagte: ›Ich bestreite dem Heiligen Vater in Rom nicht, daß er in Glaubensfragen unfehlbar ist. Und mir kann niemand bestreiten, daß ich von der Politik mehr als andere auf der Welt verstehe. Deshalb proklamiere ich

für mich und meinen Nachfolger den Anspruch auf politische Unfehlbarkeit.‹ «
Wie attraktiv das katholische Muster schon wegen seiner autoritären Struktur Hitler erschienen ist, geht besonders aus den Seiten 512 f. in »*Mein Kampf*« *) (»Auch hier hat man an der katholischen Kirche zu lernen.«) hervor. Daß überhaupt zwischen dem katholischen und dem faschistischen Denken eine strukturelle Affinität besteht, haben Ernst Wolfgang Böckenförde und Karlheinz Deschner anhand eines reichen Belegmaterials überzeugend nachgewiesen.
Der Abgott, der an der Spitze von autoritär gelenkten Hierarchien steht, wird von der Verhaltensforschung als *Alpha-Tier*, als Leithammel also, bezeichnet. Je hinterweltlerischer die Struktur einer Gesellschaft, desto astraler die Höhe, in die der Führer entschwebt. Den Blicken reeller Betrachtung entzogen, entscheidet *ER* in einsamer Ferne und patriarchalischer Monokratur. In surreale Gottesnähe entrückt, läßt er sich von den Untertanen verehren, die zum absoluten Subjekt degeneriert sind. Die schon zu Lebzeiten erfolgte Apotheose nach-augusteischer Imperatoren oder byzantinisch-orientalischer Potentaten, die Unfehlbarkeit des Papstes oder des Dalai Lama, die Dämonisierung Hitlers oder Mao Tse-Tungs, der Personenkult des Faschismus oder die Stellung des *pater familias* in den patriarchalischen Kulturen sind die Folgen einer Fehlentwicklung, die sich in jeder diktatorischen Gesellschaftsordnung ereignet, in der die autoritären Strukturen versteinert sind.
Um die Inhaber bevorzugter Positionen auszuzeichnen, entwickelt jede Gruppe ihr eigenes Ritual, das umso grotesker ausfällt, je hinterweltlerischer deren Gesinnung ist. Den dämonischen Charakter der Führerrolle unterstreicht

*) 641.—645. Auflage, 1941

eine Ausdrucksform, die die Ethologie als Imponierverhalten bezeichnet und auch im Tierreich nachgewiesen hat. Auch in diesem spezifischen Verhalten wird die Verwandtschaft zwischen dem *homo maniacus* der *HW* und den Vertretern des Tierreiches offenkundig: Will zum Beispiel ein Affe den Mitgliedern seiner Gruppe imponieren, so verändert er sein natürliches Aussehen, seine Physiognomie, indem er den Kopf emporreckt, die Haare sträubt, den Brustkorb ausweitet, sich auf den Hinterpfoten aufrichtet und — wie die Paviane — die Genitalien präsentiert.

Die künstliche Vergrößerung des natürlichen Habitus ist das typische Element jeder Imponierstellung, die in menschlichen Kulturen mit instrumenteller Hilfe bis zur Groteske überformt wird. Der Indianer schmückt sein Haupt mit Federn, die gleiche Schneid-Feder ziert den Hut des Tirolers, die ohnehin langen Kerle der königlichen Garde tragen die hohen Tschakos, auf den Helmen der Paradesoldaten drohen bunte Pferdeschwänze, adelige Häupter ziert die Krone, kirchliche Würdenträger schmücken sich mit der Mitra etc.

Wo es sich um militant organisierte Individuen handelt, dient nicht nur die Kopfbedeckung allein zum Entwurf eines Scheu und Ehrfurcht auslösenden Ausdrucks. Otto König wies in seiner ethologisch-historischen Analyse der Uniform die Entwicklung vom funktionellen Detail zum redundanten Accessoir nach, das mit der Zeit nur mehr im Dienst des Imponierens steht: der Schulterschutz wird zum goldbestickten, fransengezierten Latz, der die Schulterbreite optisch vergrößert; der Brustschutz wird zum Aushängeschild von Orden; der Kopfschutz wird zum buschigen Paradehelm etc.

Auch die Erhöhung des Sitzplatzes, auf dem sich das um Ansehen werbende Individuum plaziert, steigert die Vergrößerung des natürlichen Habitus. Vom erhöhten Podest schweift der Blick achtungsgebietend nach unten und unterstreicht durch die Richtung des Sehstrahles das soziale Gefälle, das *top-dog* und *under-dogs* trennt und unterscheidet. Während der soziale Minor in Demut zu seinem Herrn aufschaut, demonstriert der soziale Major von oben her seinen Subjekten Macht und Überlegenheit.

Da die Dressur zur Autoritätsgläubigkeit als eine pädagogische Maxime der *HW* gelten darf, wurde der Katheder, von dem aus ein selbstbewußter Ordinarius mit napoleonischer Arroganz zur Herde der Studenten hinabdoziert oder ein wilhelminischer Studienrat die Klasse schikaniert, mit Recht zum Symbol eines hinterweltlerischen Erziehungsstils. Obwohl sich im Bild des Studienrats ein entscheidender Wandel vollzogen hat, ist die Polarität des Lehrer-Schüler-Verhältnisses, wie sie etwa Wilhelm Busch karikiert, als Denkschablone noch immer lebendig. Da dieses Vorurteil unterbewußte Reaktionen aktiviert, steuert auch im heutigen Erziehungsmilieu ein Einstellungsmuster und Erwartungsmechanismus das Verhalten von Lehrenden und Lernenden. Und noch immer dominiert im Lehrer-Schüler-Verhältnis aufgrund eines falsch ausgelegten Autoritätsbegriffes der Geist der Opposition, so daß anstelle eines effektiven Kollegialsystems und eines freundlichen Miteinanders die aufreibende Gesinnung der Fehde die Lern- und Lehrsituation stört.

Die Bereitschaft zum Teamwork, aus der heraus die Denkindustrie der universitären Disziplinen allein echten Fortschritt erzielen kann, scheitert ebenfalls häufig an der autoritär-diktatorischen Haltung vieler Ordinarien, die ihre Rolle als Pontifices mit allen Mitteln retten wollen. Die moderne Lehrsituation verlangt aber Dozenten, die die Rolle des *primus inter pares* spielen und den Reifungsprozeß ihrer Hörer in demokratischer Weise steuern.

Echte Autorität bedarf keiner hinterweltlerischen Formschemata und keines Maskenwurfes, sie gründet allein auf überzeugendem Können, fundiertem Sachwissen und menschlichen Qualitäten, ohne die eine kritische Jugend nicht überzeugt werden kann. Wo immer aber die *HW* am Werke ist, versteht sie es mit Erfolg zu verhindern, daß sich ein lebendiges Erziehungsmilieu entwickelt, daß aus ihren Reihen der »destruktive« Geist der Kritik entsteht und daß die Absolutismen ihrer Welt zerstört werden.

Da sich die *HW* vorprogrammierten Denknormen verpflichtet fühlt und jeder Plastizität abhold ist, integriert sie sich mit Vorliebe in autoritär-hierarchische Ordnungsgefüge. Unter einer straffen Führung weiß sie sich wohl aufgehoben, denn die vorfabrizierten Wert- und Denknormen erübrigen die Strapazen eines persönlichen Entscheides. Die Flucht in die Institution erspart ihr die Mühe einer individuellen Existenzbestimmung und -verwirklichung.

Ohne sich um den Aufbau einer eigenen Welt kümmern zu müssen, adaptiert sich der *Hinterweltler* an das vorgeprägte Ordnungsschema und erfüllt seine Rolle im System mit andressierter Servilität. Mit einem gewissen Behagen taucht der *Hinterweltler* in hierarchisch organisierte Institutionen unter, deren ineffektive Immobilität seinem Wesen entspricht. Nach dem bekannten *Peter-Prinzip* funktionieren hierarchische Körperschaften deshalb nicht, weil jedes Mitglied einmal die Stufe seiner Kompetenz erreicht hat, sich dennoch weiter nach oben dient und dann auf einer Stufe der Inkompetenz den gesamten Betrieb stört.

Das mangelnde Funktionieren hierarchischer Institutionen gründet aber auch darin, daß es speziell den *Hinterweltler* in solche Hierarchien lockt, der in seiner artspezifischen

Immobilität nicht nur zur Erstarrung des ganzen Systems beiträgt, sondern auch rascher als andere seine Stufe der Inkompetenz ereicht und deshalb zum permanenten Störfaktor wird. Angelockt von den immobil-hierarchischen Strukturen starrer Institutionen, wie sie für kirchliche oder staatliche Einrichtungen typisch sind, beginnt er seinen Dienst der Unterwerfung und klettert mit der Zeit Schritt für Schritt die Stufenleiter hoch, welche Karriere aufgrund einer systemimmanenten Gesetzmäßigkeit trotz fehlender Kompetenz, aber mit viel Speichelleckerei begünstigt wird.

Dem Vorgesetzten gegenüber verhält sich der *Hinterweltler* stets beflissen und fügsam, benimmt sich unterwürfig und glatt, grüßt untertänig, beugt sich tief, folgt aufs Wort, schluckt alles ohne Widerrede und wahrt die Maske dankbarer Gefolgschaft, wie sie einst der Knappe seinem Ritter bekundet hat. Zur Servilität erzogen, nimmt er der Obrigkeit gegenüber willig die Haltung der Demut und der Unterordnung an. Daß bei diesen Unterwerfungsriten dem Pharisäertum Vorschub geleistet wird, stimmt nicht nachdenklich. Da aber bei diesem Demutsverhalten der Machttrieb permanent frustriert und unterdrückt wird, kommt es zu Triebstauungen, die deshalb unerfreulich sind, weil sie der Rangniedrigere zu spüren bekommt.

Getreu dem Radfahrer-Prinzip — sich über den Lenker beugen und nach unten in die Pedale treten — dient sich der *Hinterweltler* nach oben, wobei er die Aggressionen, die sich in der dauernden Demutshaltung entwickeln, nach unten abbaut. Dieses Ableiten der Aggressionsenergien hat man treffend als *Radfahrer-Reaktion* bezeichnet, d. h. nach oben einen Buckel machen und nach unten treten. Je unbedeutender die Rolle, die ein *Hinterweltler* einnimmt, umso unangenehmer ist der Führungsstil, in dem er den noch Unbedeutenderen schikaniert.

Da der *Hinterweltler* mit Vorliebe in hierarchische Institutionen flieht, findet man ihn häufig im Ordnungsgefüge des Staatsdienstes, der ihm nicht nur eine zwar begrenzte, aber selbstwertfördernde Machtposition verspricht, sondern auch jene materielle und ideelle Sicherheit gewährt, die ihm die Sorge einer eigenen Lebensgestaltung abnimmt. Der Beamtenapparat, wichtigster Faktor einer gut funktionierenden Gesellschaft, erstarrt aus diesem Grunde häufig in hinterweltlerischer Ineffektivität, weil die spezifische Struktur dieser Organisation gerade den disponierten *Hinterweltler* anlockt. Er trägt die Hauptschuld daran, daß die staatsnotwendigen und -erhaltenden Institutionen im formalistischen Leerlaufmechanismus zur kafkaesken Bürokratie entarten.

Mit Begeisterung verschreibt er sich auch der soldatischen Karriere, da er dabei hinter der Maske beamteter Pflichterfüllung seine kainitischen Urtriebe in legalisierter Form abreagieren kann. Ferner faszinieren ihn der Zauber des Waffenrockes, die Disziplin der Truppe und die ritualisierten Atavismen, deren sich der Zivilist im Fasching durch die Maskerade und in der Vorpubertät durch das Indianer-, bzw. durch das Räuber-und-Gendarm-Spielen entledigt. Da es vor allem den *Hinterweltler* zum Soldatenrock zieht, verwandeln sich viele Kasernenhöfe schnell zum Tummelplatz der *HW*. Mit Recht übt daher der Staatsbürger in Uniform Kritik an den militärischen Institutionen und hegt an deren Qualität begründete Zweifel.

Der *Hinterweltler* in Uniform mißbraucht seine Position, um im Schatten des Systems, das auf Zwang und Angst beruht, die hohlen Ideale verflossener Zeiten zu restaurieren. Im Katalog mißbrauchter, mißdeuteter und offensichtlich unausrottbarer Tugenden sind auch die Begriffe »Kameradschaft und Corpsgeist« gespeichert, die die

bis zur Exzessivität andressierte Loyalität der Truppe gegenüber verschönern sollen. In seinem Bemühen »die alten Soldatentugenden« neu zu beleben, hat der deutsche General Albert Schnez in seiner berüchtigt gewordenen Studie verlangt, man müsse »das Zugehörigkeitsgefühl zur soldatischen Gruppe« stärker entwickeln, um die mangelnde »Courage und Kriegstüchtigkeit« zu steigern und um »soldatische Leistung« zu sichern.
Dieser romantisierte Ungeist des kollektivierten Ich gilt in jedem militanten Verband als jener metaphysische Motor, der die Gruppe zu einer eingeschworenen Kampfgemeinschaft verwandeln soll, sie aber gleichzeitig im Sumpf hinterweltlerischer Verlogenheit versinken läßt. Unter dem Deckmäntelchen einer »Alle-für-einen-und-einer-für-alle-Romantik« verbirgt sich als einziger Faktor, der die Subkultur der Militaristen sichert, die nackte Angst.
Wer nämlich den Befehl einer höheren Instanz nicht befolgt, wird empfindlich bestraft. Die Furcht vor Strafe garantiert allein das Funktionieren des Systems und züchtet jene absolute Gehorsamsbereitschaft, welche dem geborenen Militaristen als die optimale Ausdrucksform menschlicher Vollkommenheit erscheint. Erst wenn der Jungmann gelernt hat, auf Befehl zu singen, zu lachen oder zu sterben, hat er jenes Maß an Perfektion erreicht, das ihm allein die Anerkennung der *HW* sichert.
Im Besitz einer absoluten Macht schikaniert der *Hinterweltler* in Uniform die ihm unterstellten Untergebenen, deren Möglichkeit, sich vor Übergriffen zu schützen, zwar theoretisch besteht, in der Praxis aber selten wahrgenommen werden kann, da der Beschwerdeführende im Netz eines ausgeklügelten Systems strauchelt. In der Regel gilt die alte Weisheit »Wer sich beschwert, ist beschwert«, denn ein systembedingtes Reglement läßt die Beschwerde

zum Bumerang werden, der den ohnehin eingeschüchterten Jungmann aufs Neue trifft. Mit Sprüchen wie »Kameraden, aus Euch mach' ich noch was, da ist Gehacktes grob gegen« (Feldwebel S., Ausbildungskompanie 10/1, Yorck-Kaserne in Stadtoldendorf) werden die Jungmänner in Uniform zu folgsamen Marionetten abgerichtet. Befehle wie »Wenn ich jetzt sage ›Nieder!‹, wenn ich sage ›Mach Männchen!‹, dann machst du das, ist doch klar!« (Fahnenjunker W., dieselbe Einheit) charakterisieren eine Geisteshaltung, die sich nur im Schatten eines hinterweltlerischen Machtapparates entfalten kann.

Mit besonderer Sorge muß auf die Tatsache hingewiesen werden, daß sich im Ungeist eines den blinden Gehorsam fordernden Militarismus die Schablone des »Befehlsnotstandes« zum tabuisierten Prinzip verwandelt, aufgrund dessen jedes Verbrechen entschuldbar und die Teilnahme an Völkermorden oder das sinnlose Hinmetzeln unschuldiger Geiseln sanktioniert werden.

Autoritätsgläubigkeit und Obrigkeitsdenken, welches Unterwerfungsverhalten noch heute als ein Merkmal der deutschen Nation genannt wird, haben jenen Typus des Spießbürgers herausgezüchtet, der im Berufsleben, im Eheleben, in der Kindererziehung und in der menschlichen Beziehung insgesamt seine Minderwertigkeitskomplexe in sadistischen und hintertückischen Reaktionen abbaut. Unter dem Druck autoritärer Institutionen, die sich mit der Formel »Kirche und Thron« subsumieren lassen, entlädt der Spießer seine Aggressionsenergien gegenüber dem Nächsten in Klatsch, Rufmord, Hinterlist und -tücke, in den Sadismen einer trügerischen Moral, in Triebperversion und in der repressiven Erziehungsideologie: Wer nicht geschunden wird, wird nicht erzogen. Die Entwicklung des Spießers oder *Hinterweltlers,* dessen Servilität gegenüber dem Staatsapparat und dessen politische Unmündigkeit noch immer die Entfaltung eines echten demokratischen Bewußtseins retardieren, hat ihre historischen Gründe.

»In Deutschland« schrieb Engels 1890 an Paul Ernst, »ist das Spießbürgertum Frucht ... einer unterbrochenen, zurückgedrängten Entwicklung, und hat seinen eigentümlichen, abnorm ausgebildeten Charakter der Feigheit, Borniertheit, Hilflosigkeit und Unfähigkeit zu jeder Initiative erhalten durch den Dreißigjährigen Krieg und die ihm folgende Zeit — wo gerade fast alle anderen großen Völker sich rasch emporschwangen. Dieser Charakter ist ihm geblieben, auch als die historische Bewegung Deutschland wieder ergriff; er war stark genug, sich auch allen anderen deutschen Gesellschaftsklassen mehr oder minder als allgemeindeutscher Typus aufzudrücken.«

Nach dem Scheitern der Revolution von 1848 wurde der deutsche Michel in die reaktionäre Ordnung der Bismarckära zurückgeworfen, deren antidemokratisches Regierungssystem jede politische Willensbildung von neuem unterdrückte. Wilhelminischer Geist und die faschistische Unkultur der Nationalsozialisten trugen auch in der Folge nicht dazu bei, die politische Mündigkeit des Deutschen zu entwickeln.

In unserer Zeit hat zwar der Michel, der seit Generationen zu staatserhaltendem, autoritätsgläubigem und unterwürfigem Verhalten dressiert wurde, ein demokratisches Modell nach importiertem Muster entworfen, fühlt sich aber in dieser unorganisch gewachsenen Ordnung nicht recht am Platz. 1945 legte er sein Braunhemd ab und wurde über Nacht zum Demokraten, dessen Rolle er aber nicht überzeugend zu spielen vermag.

Das Brachialverhalten radikaler Linksgruppen und die Wiedergeburt der rechten Ordnungspartei, deren Organ *»Deutsche Nachrichten«* jedem demokratisch gesinnten

Bürger das Gruseln lehrt, dokumentieren das Unbehagen zweier extremer Gruppen, wobei die einen gegen das Übermaß noch bestehender antidemokratischer Machtstrukturen zu Felde ziehen, während die anderen, der Scheindemokratie überdrüssig, die Rückkehr zu den Ordnungen der Väter fordern.

Um das Unbehagen der Soziologiestudenten zu verstehen, die in erster Linie gegen die antidemokratischen Verhaltensweisen einer nach außen hin liberaldemokratischen Gesellschaft protestieren, muß das autoritäre Behagen einer soliden *HW* ausgeleuchtet werden, die deutsches Wesen noch immer *per negativum* präsentiert. Durch das Studium zu einem kritischen Bewußtsein erzogen, bemängelt der Soziologe an der Demokratie Autoritäts- und Herrschaftsansprüche, sofern sie nicht rational begründet sind, kritisiert die pseudoliberale Maske der *permissive society*, hinter der oft spießiger Unrat — wie in der Pornowelle — spektakulös verborgen wird, und legt die faschistoiden Verhaltensstörungen der Gruppen und Subkulturen bloß, um das wahre Wesen der Gesellschaft in den Mittelpunkt der Betrachtung rücken zu können.

Ohne den Umweg eines pseudo-demokratischen Liberalismus hat die DDR das alte Erbe methodologisch unverändert weitergetragen, wobei die einzige Änderung im Austausch der Machtsymbole bestand: Sichel und Hammer ersetzten das Hakenkreuz, die Terminologie des roten Parteichinesisch verdrängte die Sprache der Nationalsozialisten; geblieben sind jedoch der Ungeist des Absolutismus, der Monopolismus und die Repression, gepaart mit preußischer Zucht. Auch Österreich hat den Wandel in die neue Zeit nicht ohne Konzession an die Vergangenheit vollzogen.

Während die DDR unmittelbar an den gewohnten Stil diktatorischer Führung anschloß und die BRD mit dem vielen Deutschen eignenden Hang zur Perfektion eine neue Form der Regierung konzipierte, deren demokratischer Charakter jedoch in Ermangelung einer historischen Tradition in vielen Belangen die Glaubwürdigkeit einbüßt, lebt in Österreich der autoritär-hierarchische Geist der verflossenen Epochen vor allem in der Liebedienerei, Speichelleckerei und Protektionswirtschaft weiter, ohne die der Staatsapparat nicht zu funktionieren scheint.

Daß die demokratischen Ordnungen, die sich nach dem Krieg in westeuropäischen Ländern entwickelt haben, nicht frei sind vom Makel der *HW*, ist aus der historischen Konzeption zu verstehen. Doch es besteht die berechtigte Hoffnung, daß neue Generationen, die in einem vorurteilsfreien und demokratischen Lernmilieu den autoritären Komplex der Väter abgebaut haben und deren Intelligenz von keinem chauvinistischen Lernprogramm verbildet worden ist, diesen demokratischen Ordnungen die nötige Reife entgegen bringen werden. Eine solche Generation wird der *HW* die Gefolgschaft kündigen und den Schritt in die Helle einer aufgeklärten Welt wagen.

Dieser Erfolg wird nur möglich sein mit Hilfe einer Erziehungspolitik, die die heranwachsende Jugend zu autonomen Persönlichkeiten bildet und sie vor ideologischen Defekten bewahrt. Eine solche Bildungspolitik muß geprägt sein vom freien Atem der empirisch orientierten Wissenschaften, in denen eine weltoffene und wertneutrale Seinsbetrachtung vorherrscht. In der autoritär-reaktionären Atmosphäre und im vorurteilsgeladenen Klima der *HW* kann sich kein Denken entwickeln, das mit jedem neuen Datum und mit jedem neuen Faktum die Welt neu in Frage stellt.

Der dynamische Geist der empirischen Wissenschaften aber, ein Feind jeder Verdummungsideologie, unterwirft sich nicht dem Zwang lokaler Mythologien und erstarrt nicht in immobilen Denkschemata, sondern entfaltet sich evolutiv in und mit der Welt. Eine Jugend, die in diesem Geist gebildet worden ist, wird sich nicht mehr in die metarealen Wertordnungen einer hinterweltlerischen Ideologie integrieren und sich keines kritiklosen Unterwerfungsverhaltens befleißigen, wie es Kirche und Thron fordern.

Dann besteht die Hoffnung, daß sich eine Gesellschaftsordung entwickelt, in der sich der Mensch als Person entfalten kann, eine Hoffnung, die Hubertus Halbfas in seiner Funktion als Theologe für die Kirche wünscht: »Die gesamte Kirche könnte mit ihrem Glauben nur dann Hoffnung für die Menschheit werden, wenn sie fähig würde, ihre dogmatische Tradition auf Unterwerfungsmechanismen, überholte Autoritätsstrukturen und entmündigende Angstparolen zu untersuchen und alle diese Herrschaftsmittel aufzugeben.«

Die politische Adaption

Der König ist tot, es lebe der König
Der Kommunismus ist tot, es lebe der Konsumismus

In seinem Essay *»Politische Neurosen«* schreibt Arthur Koestler: »Die Haupteigentümlichkeit der politischen Libido ist gerade diese Neigung, die eigene Person mit Volk, Stamm, Kirche oder Partei zu identifizieren, ja man kann die politische Libido geradezu als Bedürfnis des einzelnen definieren, Teil eines Ganzen zu sein, in einer Gemeinschaft aufzugehen, irgendwo dazuzugehören.«

Der Mensch als *animal sociale* neigt aufgrund eines angeborenen Verhaltens dazu, sich einer Gruppe anzuschließen und sich in eine Gemeinschaft einzuordnen. Bei dieser Sozialisation, deren arterhaltender Wert unbestritten ist, kommt es aber auch zu Verhaltensweisen, die nicht unbedingt als Positivum zu werten sind: Der einzelne identifiziert sich bis zur Exzessivität mit der Gruppe, er verliert die kritische Distanz und integriert sich in die Ordnungsschemata seiner Umwelt, ohne deren Wert oder Unwert zu prüfen.

Dieses adaptive Verhalten, das darauf hinauszielt, sich möglichst problemlos in das Milieu einzumischen, ist ein symptomatisches Charakteristikum der *HW*. Die Ursachen dieses Verhaltens, das dem sprichwörtlichen Tarnverhalten des Chamäleons entspricht, müssen aber nicht immer Feigheit oder Opportunismus sein, wozu der Mensch in einer Diktatur gezwungen wird.

In den Industrienationen des Westens, die keinem diktatorischen Druck ausgeliefert sind, entarten die Individuen in ihrem unreflektierten Konsumverhalten zu einer gesichtslosen *HW*. »Man« konsumiert Meinungen, Geltungen, Wohlstandsartikel etc., die die Mehrheit akzeptiert. »Man« adaptiert sich und wird dabei zum Teil jener amorphen, uniform empfindenden Masse, die die *HW* der modernen Gesellschaft repräsentiert.

Indem man sich in Verhalten, Aussehen und Denken den dominierenden Tendenzen des Milieus anpaßt und sich den Geltungen und Normen der Mehrheit unterwirft, wird man zum respektierten Mitglied einer Gesellschaft. Ohne Zweifel ist dieses Verhalten vom Willen zum Überleben motiviert, der dort umso deutlicher zum Ausdruck kommt, wo der einzelne mit einer undemokratischen Gesellschaftsordnung konfrontiert wird. Moskaus Intellektuelle, die in sibirischen Arbeitslagern für ihre bekennende Haltung büßen, kennen das Schicksal des Non-Chamäleons, das in einer ideologisch verdummten *HW* zu leben verurteilt ist.

Der Wetterhahn auf der Kirchturmspitze oder der Scheibenwischer, der sich im periodischen Rhythmus eines Steuermechanismus willenlos hin und her bewegt, sind die Symbole, welche ein signifikantes Verhaltensmuster der *HW* signalisieren. Denn unter dem Druck des kollektiven Nonsens oder dem Diktat eines Alpha-Tieres beugen sich die Häupter der *HW* dorthin, wo die Mehrheit das Verhalten bestimmt, bzw. wo immer sich die Macht konzentriert.

Gewohnt, von höheren Instanzen manipuliert zu werden und die Mühe des Denkens und Lenkens anderen zu überlassen, verzichtet der *Hinterweltler* auf die Korrektur seiner Umwelt und übernimmt entweder kritiklos die vorprogrammierten Ordnungen seiner Gruppe oder adaptiert sich an die politischen Strukturen, die mit dem Recht des Stärkeren importiert oder von innen errichtet worden sind. Er übt an der Gesellschaftsform, die ihn seiner Persönlichkeit beraubt hat, keine Kritik, er hält sie für keiner Reform bedürftig und integriert sich in sie mit der reflexionslosen Distanzlosigkeit hinterweltlerischer Passivität.

Wegen der Bereitschaft zu Gehorsam und Unterwerfung ist der *Hinterweltler* der prädestinierte Mitläufer, der sich willig unter der Fahne schart, die ihn ruft. Unter Hinweis auf Goethe's Ausspruch »Es gibt im Menschen ein Dienenwollendes« verherrlicht Arnold Gehlen in seinem Buch *»Moral und Hypermoral«* die Tugend der Unterordnung und den Dienst an staatlichen Institutionen, unter deren Kontrolle die Untertanen zu einem machtvollen Kollektiv verschmelzen sollen. Obwohl der Autor fürchtet, daß sein Eintreten für Institutionen ihm die Bezeichnung »Reaktionär, Faschist, Rhodesier, Ibo oder sonst etwas Geächtetes und Abgebuchtes« eintrage, scheut er sich nicht, für Staatsdienerei und klassisches Ordnungsdenken voll einzutreten. Bei aller Ehrfurcht vor dem Ethos, das Arnold Gehlen beschwört und das ihm, dem Philosophen, ohne Zweifel eignet, scheint er den gefährlichen Faktor der *HW* zu übersehen, unter deren Einfluß die staatsnotwendige und eingangs postulierte Subordination unter die supraindividuelle Notwendigkeit zum kritiklosen Mitläufertum entfremdet. Da die *HW* die Machtstrukturen der herrschenden Klasse unkritisch akzeptiert, denaturiert ihre Subordination zu jener Form der politischen Adaption, deren Auswüchse nicht nur in den Annalen der jüngsten Vergangenheit nachzulesen sind.

Stets marschiert der *Hinterweltler* passiv im Strom der

vielen, auch wenn er im Dienst einer antihumanen Barbarei steht; brav praktiziert er die Rituale, wie sie ihn gelehrt worden sind; gehorsam erfüllt er die Befehle, die eine höhere Instanz verordnet hat; willenlos singt er im Chor der Mehrheit und echot die eingehämmerten Parolen im Bewußtsein der Solidarität.

Sowie sich einmal die *HW* einer Ideologie oder einem Herrschaftssystem verschrieben hat, entartet das Ethos der Unterwerfung zu jener gefährlichen Servilität, die keinen Staat und keine Gesellschaft fördert. Der Geist des »Dienenwollens« wandelt sich unter dem Druck der *HW* zum Fluch, der auf jeder Gemeinschaft lastet, in welcher das kritische Bewußtsein verstummt ist. Da im Reich der *HW* die Grenze zwischen Dienst und Knechtschaft allzu schnell verschwimmt, können die Ausführungen von Arnold Gehlen keinen ungeteilten Applaus finden.

Weil die *HW* das Mitläufertum und jede Form der politischen Adaption begünstigt, hat sie sich stets als gehorsame Dienerin von Kirche und Thron erwiesen, wie Karl Steinbuch richtig vermerkt. In jedem politischen System — egal ob es sich als Kirche oder Thron etabliert — verhärten mit zunehmender Herrschaftsstabilisierung, zu der die *HW* in freudiger Unterwürfigkeit beiträgt, die Methoden des Lenkens und geraten unter die Kontrolle antihumaner Kräfte. Daß die *HW* die Flucht in die Diktatur dem Eintreten in eine lebendige Demokratie vorzieht, resultiert aus dem autoritären Behagen, das eine starre Ordnung verspricht.

Die Demokratie, die oft als plebiszitäre Demokratur mißverstanden wird, steht im Verdacht, nicht genügend Sicherheit und Ordnung garantieren zu können. Die Energien des Volkes werden leicht durch ein pluralistisches Prinzip verzettelt, so daß sich keine machtvolle Uniformität entwickelt, die den Willen der *HW* zum Ausdruck brächte. Einzig die Monokratur einer zentralen Macht sichert jenes Maß an politischer Klarheit, in der sich die *HW* geborgen fühlt. Dort herrscht kollektive Einigkeit, dort marschiert und jubelt man, singt die Phrasen nach, die einem vorgebetet werden, freut sich der Fetische und Terrorsymbole, welche die staatliche Allmacht präsentieren, und denunziert, wo immer ein Abweichler auffällt und das Glück der *HW* bedroht.

Die Vorliebe der *HW* für diktatorische Systeme wurzelt nach Wilhelm Reich in der »seelischen Pest«, d. h. in der irrationalen Lebensangst unmündiger, bzw. neurotisierter Menschen, denen aufgrund eines gestörten Liebes- und Lebenserlebens weder ihre Daseinsbestimmung noch ihre Existenzverwirklichung gelingt. In seinen Schriften lehrt Wilhelm Reich, daß der sexuell verklemmte Mensch zu seiner Umwelt insgesamt eine gestörte Beziehung hat, die in allen Lebensbereichen zum Ausdruck kommt. Diese Störung prägt auch das politische Verhalten, da der sexuell unmündige Mensch in seiner Unsicherheit jene Systeme bevorzugt, die ihn bevormunden und mit starker Hand zu führen bereit sind.

Nur die starre Ordnung einer Diktatur verspricht, ihn von seiner Lebensangst und Daseinsfurcht zu befreien. Die Dependenz von sexueller und politischer Freiheit, bzw. Unfreiheit verdeutlicht Wilhelm Reich anschaulich am Verhalten der Menschen in der NS-Zeit. Der kainitische Sadismus, der in jener Zeit zur legalisierten Norm wurde, konnte sich nur in einer Diktatur entwickeln, die in der »seelischen Pest« der damaligen *HW* wurzelte.

Daß die sexuelle Liberalität für jedes diktatorische Regime gefährlich, weil Ausdruck des mündigen Menschen ist, gilt für linke wie rechte Regimes. In kommunistischen Staaten wird daher unter der Etikette der sozialistischen Moral kollektive Zucht geübt. Die erophobe Haltung der Kirche, die seit Jahrhunderten fast unverändert geblieben ist, ist zum Sinnbild der Unterdrückung schlechthin geworden. Mit gutem Grund lobt der katholische Denker Siegmund in einem Aufsatz die roten Russen: »Der Auflösung sexueller Sitten in den USA und in vielen europäischen Ländern steht in eindrucksvollem Kontrast die gegenteilige Entwicklung in der Sowjetunion entgegen.«

Indem die Menschen künstlich unmündig gehalten werden, erziehen Kirche und Thron mit Erfolg jenes Menschenmaterial heran, das sich nach Belieben manipulieren läßt. Die Faust geballt, zieht die *HW* am 1. Mai in endlosen Marschkolonnen durch Moskaus Straßen und echot im Chor abgenutzte Parolen. Auf Kommando streckt sie die rote Bibel empor und preist den Abgott Mao. Millionen reckten die Rechte zum Gruß und befleißigten sich des faschistischen Zeremoniells. Täglich drängt man an die Weihwasserkessel, murmelt Litaneien, deren Bedeutung der Mehrheit dunkel ist, und erfüllt im periodischen Rhythmus das kultische Ritual.

Niemals erweist sich die *HW* als Besitzerin der Welt, stets ist der *Hinterweltler* ein Besessener, ein Manipulierter, der sich in fatalistischer Gleichgültigkeit der vorprogrammierten Ordnung unterwirft. Dem Grundgesetz des Humanismus, in prometheischer Weltoffenheit gestaltend auf die Umwelt einzuwirken, fühlt sich keine *HW* verpflichtet.

Fehlt eine faschistoide Machtstruktur, an die sich die *HW* adaptieren könnte, sind Rom, Moskau oder Peking fern, so schafft sich die *HW* ihre eigenen Götzen, denen sie willig dient, oder läßt sich von Demagogen mit Ersatzobjekten ködern. In einer demokratischen Gesellschaft kann das Bewußtsein der *HW* als Reflexion der aktuellen politischen Demagogie definiert werden, wobei der Begriff *politisch* in seiner ursprünglichen Weite als die Summe aller sozial relevanten Momente verstanden werden muß.

Eine Analyse der Parolen und Attrappen, deren sich die Demagogen aus Politik, Wirtschaft oder Kirche bedienen, erhärten den Verdacht, daß die *primäre Zielgruppe* der politischen, kommerziellen und klerikalen Propagandisten stets die *HW* ist. Anstelle sachlicher Argumente und konkreter Zahlen stehen Schlagworte, Phrasen, Slogans, Leerformeln, Zauberformeln und emotionale Appelle, die die vorrationalen Räume des Unterbewußtseins aktivieren; an die Stelle des nüchternen Symbols tritt ein gezielter Reiz, der jene Instinkte mobilisiert, die sich der rationalen Kontrolle entziehen; mit einem Wort, die emotionale Vergewaltigung ersetzt die rationale Beweisführung und die faktische Information.

Ziel der Demagogen ist es nicht, die *HW* zu überzeugen, sondern das Unterbewußtsein und die geheimen Wünsche der *HW* anzusprechen. In der Wahlkampagne westlicher Demokratien spielt vor allem der Appell an den Pflege- und Brutinstinkt des Wahlviehs eine gewichtige Rolle. Entwirft der Kandidat ein Image, das ihn als herzlich lachenden Familienvater ausweist, der jubelnde Kinder schaukelt, den eine glückstrahlende Frau zuwinkt und den ein stattlicher Hund, Symbol treuer Unterwürfigkeit und vertrauensvoller Ergebenheit, umwedelt, so kann er, falls er auch noch den Beweis erbringt, daß ihn eine Mammie, die er zärtlich liebt, geboren hat, mit großer Wahrscheinlichkeit rechnen, der nächste Präsident der USA zu sein. Das Image des glücklichen und sorgenden Familienvaters signalisiert das nötige Vertrauen, ohne das der Kandidat auf dem Weg zur Macht scheitert. Der künftige Landesvater muß seinen Untertanen mit allen Mitteln den Glauben an seine parentalen Qualitäten einimpfen, um den

Wähler, in dessen Hand sich epochale Verantwortung konzentriert, zum vertrauensvoll aufblickenden Kind umzufunktionieren. Eine bezeichnende Frage amerikanischer Demoskopen, die das Wahlergebnis auszuspionieren trachten, lautet: »Würden Sie von diesem Mann einen Gebrauchtwagen kaufen?«

Da der Kampf um das Vertrauen der Wähler das primäre Ziel der werbenden Gruppen ist, präsentieren die Wahlplakate die Spitzenmänner der buhlenden Parteien stets als strahlende Vorzugsschüler, denen die Verantwortung für die Zukunft zugemutet werden darf. Die Wahlparolen versprechen Wohlstand und Sicherheit für die Familie, mehr Säuglingsfürsorge für das Baby, mehr Kindergärten für das Kleinkind und bessere Schulen, bzw. größere Berufschancen für die heranreifende Jugend. *Familie Saubermann* soll und muß ohne Sorge in die Zukunft blicken. Der Wähler wird mit emotionalen Appellen so lange programmiert, bis er die Frage nach den politischen Realitäten und den Wunsch nach sachlichen Argumenten vergißt.

Unbestrittene Meister im Aufbau eines Zuneigung und Vertrauen erweckenden Image waren die Präsidentschaftskandidaten des Kennedy-Clan, dessen dritter Usurpator Ted trotz nächtlicher Verhaltensstörungen noch immer große Sympathien genießt. Seine Fernsehrede, zu der er wenige Tage nach dem Unfall durch den Stimmungsumschwung in der Bevölkerung gezwungen war, ist ein Musterbeispiel der Ethopöie, d. h. jener Form der Rhetorik, die von den altgriechischen Logographen, den Gerichtsrednern, entwickelt worden ist und unter Ausnützung emotionaler Faktoren den Zuhörer über den eigentlichen Sachverhalt im Dunkeln läßt.

Gekonnt beschwor Edward Kennedy den Geist eines dunklen Fatums, das angeblich über dem Hause Kennedy laste, jenes mystische Fatum, das auch die Nobelpreisträgerin Pearl S. Buck in ihrem Buch *»Der Fluch des Hauses Kennedy«* beschwört. Tränenfeuchten Auges ließen sich vornehmlich die weiblichen Fernseherinnen rühren, für welche die Rede in erster Linie formuliert worden war.

Auch beim Bemühen, die Rechtsfindung zu verhindern, scheute man nicht davor zurück, aus Gefühl Kapital zu schlagen. Als der Untersuchungsrichter eine Obduktion forderte, erhielten Mary Jos Eltern, von deren Zustimmung die Exhumierung abhing, den Besuch von zwei Priestern, die erklärten: »Mary Jo ist jetzt bei Gott. Sie ist zur Ruhe gekommen. Darum stört sie nicht mehr.«

Da sich die *HW*, der das rationale Begreifen selten gelingt, ohne große Mühe emotional vergewaltigen läßt, scheint der Handel mit Emotionen zu den unfairsten Methoden der Demagogie und der Verdummungspolitik zu zählen. Dennoch scheut keine Kirche davor zurück, den Menschen an seiner empfindlichsten Stelle zu treffen und zu ködern. Alle uns bekannten Religionsgemeinschaften machen von der Methode der emotionalen Manipulation Gebrauch. Hans Albert schreibt dazu in seiner Studie *»Traktat der kritischen Vernunft«:* »Institutionalisierte Glaubenssysteme sind, wie wir heute wissen, auf die Ausbeutung der menschlichen Angst gegründet, einer Angst, die teilweise durch die Methode des Systems selbst erzeugt wird.«

Daß auch im 20. Jahrhundert die *HW* durch das Androhen von Feuer und Schwefel zu einer gefügigen Dienerin dressiert werden soll, beweisen jene Schauermärchen klerikaler Demagogen, in denen das Jenseits als ein Raum der Rache und Vergeltung interpretiert wird. Das Autorenpaar Sartory-Reidick befragte 597 katholische und evangelische Schüler, um das Ausmaß an Mythologemen im Glauben der Jugend festzustellen. Das Ergebnis ihrer

Umfrage veröffentlichten die beiden Autoren im Buch *»In der Hölle brennt kein Feuer«*, woraus folgende Zitate entnommen sind:

Frage: »Glaubst du, daß es eine Hölle gibt?« — »Ja, weil es uns der Herr Pfarrer erzählt hat« (16jähriger Berufsschüler); »Dann könnten die Leute ja machen, was sie wollen. Sie könnten gut oder schlecht sein. Das würde ihnen nichts ausmachen« (16jährige Berufsschülerin).

Frage: »Wo ist die Hölle und wie sieht sie aus?« — »Heiß wie in Afrika. Unter der Erde.« (17jährige Berufsschülerin); »Ich stelle mir vor, man wird in der Hölle grausam behandelt, gequält und gehetzt mit scheußlichen Tieren« (18jährige Berufsschülerin); »Eine große schwarze Höhle mit unzählig vielen kleinen Teufelchen, welche mit Dreizacken in der Hand um das offene Feuer fetzen« (16jährige Berufsschülerin).

Frage: »Hast du schon einmal Angst gehabt, in die Hölle zu kommen?« — »Ja, als ich klein war und mir die schrecklichen Bilder von der Hölle im Religionsbuch ansah« (14jährige Volksschülerin); »Ja, in der 2. oder 3. Volksschulklasse, weil uns unsere Lehrerin verrückt gemacht hatte« (17jährige Berufsschülerin); »Ja ... als uns der Pfarrer erzählte, wie fürchterlich es in der Hölle ist und wie man in der Hitze dort unten brodeln muß.« (18jährige Frauenfachschülerin).

Frage: »Glaubst du, daß viele, wenige oder gar keine Menschen in der Hölle sind?« — »Nach dem katholischen Glauben, dem ich anhänge, glaube ich — sehr viele.« (14jährige Oberschülerin); »Wenn Gott so scharf trennt, wie wir es ja im Religionsunterricht hören, so nehme ich doch an, daß eine ziemlich große Zahl Menschen in der Hölle sind.« (15jährige Oberschülerin).

Frage an den Klerus: Wer verantwortet diese fatale Fehlprogrammierung der kindlichen Psyche?

Die Aktivierung neurotischer Schuldgefühle ist eine effektive Methode, mittels der Menschen zum willigen Werkzeug dressiert werden können. Da in jedem Menschen die Vorstellung des Nicht-mehr-Seins, bzw. der drohenden Vernichtung durch den Tod schmerzliche Vorstellungen auslöst, neigt er dazu, die Phase des Sterbens als einen Akt der Verwandlung zu begreifen, die — gleich einer zweiten Geburt — die entscheidende Metamorphose herbeiführt. Diese existentiell motivierte Angst vor der Verendung, bzw. vor dem Nachher kann ohne Mühe gesteigert oder verzerrt werden, um eine Gruppe zur Annahme bestimmter Kulturmuster zu gewinnen.
Das Prinzip der positiven Furcht ist ohne Zweifel ein notwendiges Instrument der Gesellschaftslenkung, das nicht nur in der Erziehung mit Erfolg eingesetzt wird. Da es jedoch leicht zum Terror entartet, kann man dieses Druckmittel nur mit Vorbehalt billigen. Die Methode der positiven Furcht scheint vor allem dort ihren humanen Charakter einzubüßen, wo aus der Jenseitsangst Kapital geschlagen wird, zumal der klerikale Manipulator mit einer spezifischen Form der Angst operieren kann, die schwer zu rationalisieren ist. Wenn ferner die Furcht vor einer fiktiven Bestrafung mit mittelalterlichen Sadismen und Vorstellungsbildern künstlich aktiviert wird, so kann diese psychische Deformierung durch keine noch so heilige Absicht gerechtfertigt werden.
Da die *HW* für irrationale Mythologeme besonders empfänglich ist, ist die Programmierung ihrer acherontischen Vorstellungsräume nicht nur mühelos zu bewerkstelligen, sondern in doppelter Hinsicht unfair. Was immer den Menschen existentiell berührt, nämlich das Leben, die Liebe und der Tod, wird von den Kirchen verwaltet und zum Verkauf angeboten, in der Weise, daß Geburt, Vereinigung und Sterben, emotional hoch beladene Verhal-

tensweisen, mit affektiven Formeln und magischen Riten ausgestattet und zum Preis der Manipulation aufgezwungen werden.

Die wichtige Rolle des emotionellen Appells in der Manipulation der *HW* läßt sich an den Methoden jeder Werbeindustrie verifizieren, egal ob sie für kirchliche oder weltliche Institutionen tätig ist. Wenn ökonomische Demagogen eine Strategie konzipieren, um für einen neuen Artikel den Markt zu erobern, versuchen sie in erster Linie, den Konsumenten emotionell zu binden und ihm bei der Wahl die Mühe des Überlegens abzunehmen. Da die *HW* entscheidend mitbestimmt, welches Produkt zum Statussymbol avanciert oder welcher Marke der Vorzug zu geben ist, muß die Werbepsychologie vor allem den speziellen Bedürfnissen dieser Konsumentengruppe Rechnung tragen.

Vance Paccard bietet noch heute in seinem Buche *»Die geheimen Verführer«* eine Fülle impressiver Beispiele, aus denen die Taktik der amerikanischen Werbeindustrie ersichtlich ist.

Freilich haben sich die Formen seit den Fünfziger Jahren entscheidend geändert, nicht aber die Methoden. Man versucht zwar heute die Werbung als offenen Dialog zwischen Konsumenten und Produzenten zu interpretieren, um den Verbraucher im Glauben zu belassen, er entscheide aufgrund einer rationalen Einsicht, aber in Wahrheit werden die Jünger der Werbepsychologie wie ehedem in der Kunst der emotionalen Vergewaltigung ausgebildet. In seinem Buch *»Psychologische Grundlagen der Werbung«* definiert Ludwig Holzschuher, Altmeister der Werbebranche, diesen stets effektiven Kunsttrick der Werbung als einen Griff ins Althirn: »Werbliche Wirkung ist nur möglich über den Gefühlsbereich mit den Appellen an die Primitivperson.«

Das Prinzip der Ethopöie, des direkten Griffs in das innerste Zentrum des Du ohne Umwege über rationale Reflexionen, wird seit der Antike in Politik, Jurisprudenz und Handel mit Erfolg appliziert. Der Politiker verspricht *panem et circenses,* preist die Tugenden der Plebs und verschweigt seine eigentliche Absicht, eine egoistische Machtpolitik anzustreben; der Verteidiger streicht die unglückliche Konstellation heraus, beschwört den Geist des Fatums, weist auf die Familie des Angeklagten hin, die im Falle eines Schuldspruchs dem Hungertode ausgeliefert sei, und verschleiert nach Tunlichkeit den eigentlichen Sachverhalt. Ernest Dichter, König der Meinungsmanipulatoren und orgineller Outsider in der amerikanischen Werbeindustrie, verdeutlicht die Methode des emotionalen Appells mit folgender Episode:

An einem strahlenden Frühlingstag, an dem sich die Natur nach einer langen Periode frostigen und unfreundlichen Wetters zum erstenmal wieder in ihrem Prachtkleid zeigte, stieß er bei einem Spaziergang auf einen Bettler mit dunkler Brille und Blindenschleife, der am Straßenrand saß und in der üblichen Weise um Gaben heischte. Um dessen Hals hing ein Schild mit der Aufschrift »Blind« und ein leerer Hut stand bereit, um die Münzen aufzunehmen. Da die Passanten wegen der durch das übliche Reizschema gedrosselten Reaktionsbereitschaft vom Anblick des blinden Mannes nur wenig berührt wurden, warfen sie nur vereinzelt einen Obolus in den Hut.

Da trat Dichter an den Bettler heran und versprach ihm bei entsprechender Gewinnbeteiligung eine vielfache Steigerung des Umsatzes. Der Werbefachmann löste durch eine einfache Änderung des Textes sein Versprechen ein, indem er die Aufschrift »Blind« durch die Worte »Sie sehen den Frühling, das Blühen der Knospen und die bunten Blumen, ich aber nicht« ersetzte.

Die Kunst, mit einem vorrationale Räume ansprechenden Reizmuster bestimmte Reaktionen auszulösen, wird von den Experten der Manipulationstechnik überall dort mit Erfolg eingesetzt, wo die angesprochenen Individuen Informationen ohne kritische Distanz konsumieren. Wie der hinterweltlerische Konsument anstelle eines Autos Ansehen, anstelle von Orangen Gesundheit und anstelle einer Seife Schönheit kauft, so wählt die politische *HW* mit ihrer Partei Fortschritt, Sicherheit und Wohlstand.

Mit leidenschaftlicher Beharrlichkeit betont Ernest Dichter bei seinen Lehrgängen für Manager und Werbepsychologen den Gefühlsfaktor und fügt hinzu, daß es nicht genüge, wenn ein Produkt nur gut sei, sondern daß es vor allem die »tief in den psychologischen Schlupfwinkeln des Innern« schlummernden Gefühle ansprechen müsse. »Verkaufen Sie an Frauen nicht Schuhe — verkaufen Sie hübsche Füße«, lautet einer seiner unzähligen Ratschläge an die Marketers.

In den westlichen Ländern, die vom *American way of living* geprägt sind, dient die *HW* in erster Linie dem Götzen Wohlstand, bzw. all den Idolen und Statussymbolen, welche ein anonymes Management entwirft und vorschreibt. Der Dienst an Prestige, Ansehen und Wohlstand entwickelte sich zur kultischen Ersatzhandlung, die unter veränderten Vorzeichen dem Kult an Kirche und Thron entspricht. Der Götzendienst an Hubraum, Zylinder und PS wird mit derselben rituellen Andacht zelebriert wie die Zeremonien am Hof oder in den Tempeln. *»Go up to Miller«* heißt eine der Parolen, aus der politische und ökonomische Demagogen reiches Kapital schlagen; die politischen, indem sie den zum Götzen dämonisierten Wohlstand zur obersten Maxime ihres Bemühens stempeln und über essentielle Probleme hinwegtäuschen, und die ökonomischen, indem sie Statussymbole und Idole kreiieren, die für die *HW* in ihrem adaptiven Verhalten zur existentiellen Norm werden. Eine im Wohlstandsdenken abgestumpfte *HW* vereinfacht den Werbestrategen bei der Konzeption eines effektiven Wahlkampfes den Entwurf eines Programms, da sich die Parteien — egal ob schwarz oder rot — in der Wahlwerbung im Prinzip auf die Befriedigung von Konsumentenwünschen beschränken können, anstatt durch die Vorlage eines politisch überzeugenden Programms einen demokratischen Entscheidungsprozeß aktivieren zu müssen.

»Wenn denn Konsum und Export die beiden Götter unseres Christen-Staates sind, und kein Gott neben diesen beiden: ... Ist nicht offenkundig, daß die notwendigen Ausgaben für Wissenschaft und Forschung nicht aufgewendet werden? Ist nicht mit Sicherheit vorauszusagen, daß unser verarmtes, verkrustetes, von elf Bundesländern zu Tode verwaltetes Ausbildungssystem jene Voraussetzungen zerstört hat, unter denen allein die Bundesrepublik sich im ersten Rang der Industrienationen behaupten könnte?«, fragte Rudolf Augstein in einem Wahlartikel unter dem Titel *»Es ging uns noch nie so gut«*.

Ein Wahlversprechen, das eine zielstrebige Bildungspolitik in Aussicht stellt, vermag die *HW* nicht zu beeindrucken; wird jedoch die Garantie gegeben, daß in Bälde jeder *Hinterweltler* seinen eigenen Gartenzwerg besitzt, so darf sich jede Partei, die ein solches Versprechen ablegt, des Wohlwollens einer repräsentativen Bevölkerungsgruppe erfreuen.

Löst man den Begriff *»politisch«* von der Enge der rein parteipolitischen Bedeutung und gibt ihm die ursprüngliche Weite der gesellschaftspolitischen Bedeutung zurück, so darf die politische Adaption der in einer Wohlstandsgesellschaft lebenden *HW* als Fron am Konsumismus bezeichnet werden. Da in Demokratien und freien Marktwirtschaften jene Artikel zu Statussymbolen avancieren, die zugleich Gebrauchsgegenstände sind, kann eine raffiniert operierende Absatzpolitik eine den Konsum verklärende Ideologie in die Herzen jener Konsumenten pflanzen, die ihr Leben als Kampf um Prestige und soziales Ansehen begreifen.

Up to date ist, was vom kollektiven Nonsens gutgeheißen wird; *in* ist, wer die gängigen Objekte des Geltungskonsums besitzt; *out* ist, wer nicht mithalten kann oder will. Von der Verklärungsideologie des Konsumismus angeheizt, entartete der Lebensstandard zum Götzen, dem man im Run um Wohlstandssymbole dient. Die Geltungen der Wohlstandsgesellschaft, die ausschließlich vom Wunsch nach »auch-haben« motiviert ist, bestimmen dem Konsumenten, was er auch haben muß, um zur *upper class* zu zählen, bzw. um als Mensch Anerkennung zu finden.

Der dem Konsumismus verpflichtete Wohlstandsbürger konnte von der Gebrauchsgüterindustrie sosehr zum Prestige-Sklaven dressiert werden, daß derjenige von Scham- und Schuldkomplexen gequält wird, der ein Automobil fährt, das älter als ein Jahr ist. Fährt Herr Meier einen Sechszylinder, so stürzt sich Herr Müller in Schulden, um im Kampf um das Rangordnungsstreben den Rivalen mit einem Achtzylinder auszustechen. Zu diesem Fragenkomplex meint Rainer Fabian *(»Idole in unserer Zeit«):*

»Die Autotypen markieren die verlorengegangene Hierarchie einer horizontal gegliederten Gesellschaft. Auf den Straßen und Parkplätzen findet das Individuum kleine herrliche Rangerhöhungen aus Blech: sein zweites Ich, das schöne Vierrad, mit dem er seine prestigelose Nacktheit bekleiden kann.« Das Auto spielt tatsächlich noch immer die Rolle jenes Statussymboles, das dem Eigner als sozialer Ausweis dient.

Zwar steigt die Zahl derer stetig an, die es sich »leisten

können«, mit einem *Volkswagen* vorzufahren, da jedermann weiß, daß sie stolze Besitzer einer Jacht oder eines Privat-Jet sind, doch die breite Masse der Konsumenten pflegt den Wert eines Mitmenschen noch immer am Auto zu bemessen, das er besitzt.
Sich in unserer Zeit zur Symbolfigur des Diogenes im Faß zu bekennen, löst in der Regel Heiterkeit aus. Mit dem begrifflichen Hinweis »Symbolfigur« ist der Umstand gemeint, daß weniger die Art und Weise seines urkomischen Verhaltens, als vielmehr sein Mut zur individuellen Lebensgestaltung, die dieser antike Lebensphilosoph ohne Rücksichtnahme auf die Direktiven des kollektiven Imperativs entwickelt hat, unseren Zeitgenossen zur mahnenden Besinnung gereichen sollte.
Erfreulicherweise reagiert gerade die Jugend mit Unbehagen auf den allgemeinen Tanz um das Goldene Kalb des Wohlstands, auch wenn einige als parasitäre Elemente unangenehm auffallen. Mit der instinktiven Einsicht des »Naiven«, der noch von keinen sinnlosen Denk- und Kulturmustern verbildet ist, durchschaut der junge Mensch die Hohlheit einer Wohlstandsgesellschaft, die ihre materiellen Energien im Geltungskonsum vergeudet und Lebensstandard als eine Form des Wertmaßstabes begreift.
Ob der oft unreflektierte Protest der Jugend, der sich mitunter im Barfußlaufen oder im Tragen ausgefranster Blue Jeans erschöpft, einen entscheidenden Wandel in der allgemeinen Gesinnung herbeizuführen vermag, muß bezweifelt werden. Die epochalen Impulse könnten aber von der Bildungsindustrie ausgehen, indem sie die heranreifenden Menschen in einer solchen Weise programmieren würde, so daß die späteren Kulturträger durch keine Drillpädagogik ihrer individuellen und kreativen Anlagen beraubt werden, um einmal gestaltend auf die Umwelt

einwirken zu können, und daß zweitens das Wettbewerbsverhalten der Konsumgesellschaft zugunsten des Prestigedenkens einer Wissenschaftsgesellschaft aufgegeben wird, in der einzig die geistige Produktivität zählt, ohne eine Diktatur des IQ oder eine Verklärungsideologie des akademischen Grades zu installieren.

In einer Gesellschaft, die zur Gänze von der Informationsindustrie erfaßt und gesteuert werden kann, haben Demagogen und Monopolisten aller Institutionen und Ideologien ein leichtes Spiel, um die *HW* für ihre Zwecke zu mißbrauchen. Es genügen, wie schon oben diskutiert, simple Informationsmuster und Attrappen, um das Verhalten der *HW* nach Belieben zu manipulieren. Diese total manipulierbare, uniform empfindende, amorphe Masse, wie sie sich in der informierten Gesellschaft entwickelt, droht zu einer *HW* zu entarten, die in der Vergangenheit ohne Parallele ist. Herbert Marcuse hat dieses anonyme, gesichtslose »*Man*« als »eindimensionale Gesellschaft« definiert und die einzelnen Korpuskel dieses Wohlstandsbreies treffend als den »eindimensionalen Menschen« bezeichnet, dessen starre Verhaltensgleise von Weichen reguliert werden, die fremde Mächte bedienen.

Dieser Menschentypus der Industriegesellschaft konsumiert die Artikel der Konsumgüterindustrie oder die Produkte der Meinungsfabriken mit jener unreflektierten Kritiklosigkeit, wie sie die *HW* auszeichnet. Die Konzentration der Meinungs- und Informationsfabriken begünstigt diesen Prozeß der Nivellierung, demzufolge das Gros der Meinungskonsumenten zum uniform empfindenden »*Man*« denaturiert.

Nicht ohne Grund demonstriert die akademische Jugend gegen die Konzentration der Massenmedien, um den Primat der Meinungsmonopole zu zerschlagen. Nur eine pluralistisch strukturierte Informationsindustrie kann ver-

hindern, daß die informierte Industriegesellschaft zu einem gesichtslosen »*Man*« entartet, das nach Belieben zu steuern ist.
Die weitere Entwicklung der Industriegesellschaft hängt entscheidend vom Verhalten der *HW* ab. Gelingt es nicht, die adaptiven Tendenzen der *HW* zu modifizieren, so ist mit einer weiteren Uniformierung des eindimensionalen Daseins zu rechnen. Aus dem uniformen Konsumverhalten und aus dem Willen, die Gültigkeiten der Majorität anzunehmen, resultiert jene politische Unmündigkeit, die auch demokratische Ordnungen unter dem Druck der *HW* auszuhöhlen droht, falls nicht den hinterweltlerischen Monopoltendenzen immer neu entgegengetreten wird.
Egal, ob die *HW* einem faschistoiden Machtsystem dient oder sich in einer freien Marktwirtschaft dem Diktat des kollektiven Imperativs fügt, egal ob sie sich von den emotionalen Attrappen der politischen und ökonomischen Demagogen vergewaltigen läßt, stets fungiert sie als Instrument der Herrschaftsstabilisierung und Gesellschaftsverkrustung in der Weise, daß sie durch ihr adaptives Verhalten eine echte Demokratisierung verhindert und durch ihren unkritischen Konsum von vorgekauten Informationen jeden kritischen Dialog zum einseitigen Monolog verfälscht. Die amorphe Masse der *HW*, deren Mitglieder nach dem *push-bottom*-Prinzip des Automaten zu manipulieren sind, begünstigt daher mit Erfolg jede gezielte Verdummungspolitik: Der Mensch der *HW* denkt, »*Bild am Sonntag*« lenkt.

Der kopernikalische Schock

Ein ruhig' Gewissen ist ein sanftes Ruhekissen

Angeregt vom Werk des Nikolaus Kopernikus *»Über die Umdrehungen der Himmelskörper«*, das erst in dessen Todesjahr 1543 erschien, widmete sich Johannes Kepler der Erforschung der Planetenbewegung, deren Gesetzmäßigkeit er mathematisch formulierte. Da die Gedanken des genialen Gelehrten den heftigen Widerstand der damaligen *HW* erregten, sah sich Kepler zu jener klassischen Formulierung gezwungen, die das Ethos der Wissenschaft zum Ausdruck bringt: »Heilig ist zwar Laktanz, der die Kugelgestalt der Erde leugnete, heilig Augustinus, der die Kugelgestalt zugab, aber die Antipoden leugnete, heilig ist das Officium unserer Tage, das die Kleinheit der Erde zugibt, aber ihre Bewegung leugnet. Aber heiliger ist mir die Wahrheit.«

Im Mittelalter hatte das geozentrische Weltbild Geltung, das auf der Annahme beruht, daß die Erde der unbewegliche Mittelpunkt des Universums sei, um den sich der ganze Himmel im Kreis bewege. Obwohl bereits die Antike diesen astronomischen Irrtum erkannt hatte, war das Wissen um das heliozentrische Weltbild, das die Sonne zum Mittelpunkt der um sie kreisenden Planeten erklärt, in Vergessenheit geraten, da die frühgriechische, bzw.

altjüdische Ansicht vom geozentrischen Weltbild durch das Christentum erneut geltend geworden war.

Ein unsinniges und spitzfindiges Denksystem war von der Kirche im Laufe der Zeit entwickelt worden, um die tatsächlichen Beobachtungen mit der Annahme der Geozentrik in Übereinstimmung zu bringen. Dieses künstliche System *ad absurdum* geführt zu haben, ist die Großtat von Kopernikus, dessen Gedanken zunächst von den christlichen Kirchen nur mit mäßiger Ablehnung aufgenommen worden sind.

Aber bereits Kepler und vor allem Galilei kamen in Konflikt mit der *HW vom Dienst*, da das kopernikalische Weltbild nicht nur geheiligte Wahrheiten zu zerstören drohte, sondern auch für das ideologische Konzept des Christentums nicht ungefährlich ist. Galilei, der noch konsequenter für die Lehre des Kopernikus eingetreten ist als sein deutscher Kollege, wurde im hohen Alter von der Inquisition unter Androhung von Folter gezwungen, offiziell seine Thesen zu widerrufen. Da sich der greise Gelehrte »für die Wahrheit nicht totschlagen ließ«, wie es Sören Kierkegaard formuliert, fügte er sich dem Druck der organisierten *HW*. Doch finstere Magie und dunkler Aberglaube konnten auf die Dauer trotz Terror und Repression nicht verhindern, daß sich die Wahrheit durchsetzte.

Durch die Entdeckung des Kopernikus vollzog sich im Bewußtsein der Menschen ein entscheidender Wandel, der nicht nur das Weltbild insgesamt, sondern auch die christliche Ideologie im besonderen in Frage stellte. Als unter Constantin das Christentum staatlich anerkannt und zur Staatsreligion umfunktioniert wurde, begann sich die Amtskirche im Stil der römischen Tradition als machtpolitische Institution zu entfalten.

Der durch Constantin ausgelöste Institutionalisierungsprozeß versetzte dem Christentum einen ersten Todesstoß in der Weise, daß ein existentiell engagierter Humanismus in substantieller Hinsicht verwässert wurde und zur Kulturindustrie entfremdete, die rasch unter die Kontrolle der *HW* geriet und den Dienst an der Form in den Mittelpunkt ihrer Aktivität rückte.

Hat Constantin durch die Institutionalisierung des Christentums zur formalistischen Entsubstantionalisierung desselben beigetragen, so scheinen die Gedanken des Kopernikus die ideologische Basis des Christentums in Frage gestellt zu haben. Die Vorstellung vom Gott am Kreuz setzt in entscheidendem Maße eine geozentrische Weltsicht voraus, denn nur ein Mensch, der die Erde als den Mittelpunkt des Universums begreift, kann die Ansicht vertreten, daß sich Gott, Schöpfer dieses Universums, auf dieser Erde inkarniert.

Bekanntlich ist unser Sonnensystem nur ein minimaler Teil der Milchstraße, jener Galaxie, die schätzungsweise 100 Milliarden Sterne zählt. Aber auch die Milchstraße ist nur ein verschwindender Teil der zahllosen Sternsysteme. Diese Galaxien treten in kleineren »Gruppen« und größeren »Haufen« auf. Unsere Milchstraße gehört zu einer Gruppe von etwa 17 Galaxien, die die Astronomie die *lokale* Gruppe nennt. Im ganzen Universum, soweit wir es kennen, dürften mindestens 10 Milliarden Galaxien zu zählen sein.

Da also die Kosmologie die Erde als einen Tropfen im Ozean des Universums beschreibt, das x-Billionen von Planeten umfaßt, von denen wahrscheinlich x-Millionen intelligenzbegabte Lebewesen beheimaten können, fällt es schwer, das Lebewesen des Planeten Erde als jenes Lieblingskind Gottes, Schöpfers des gesamten Universums, zu definieren, für das er sich, Mensch geworden, an das Kreuz schlagen ließ. Nicht ohne Grund kam das Buch

des Kopernikus auf den Index und blieb für Katholiken bis zum Jahre 1822 streng verbotene Lektüre.
Als die Lehre des Kopernikus die Einsicht dämmern ließ, daß der Mensch weder der Mittelpunkt des kosmischen Geschehens ist, noch eine bedeutende Rolle im Universum zu spielen verspricht, reagierte die *HW* mit dem nervösen Unbehagen der Ratte, die ihren Gruppenverband bedroht sieht. Die Schicksale von Kepler und Galilei sind nur relativ harmlose Beispiele für das Verhalten einer *HW*, welche auf jede Innovation, die das satte Behagen und die sanfte Ruhe ihrer Meta-Welt zu erschüttern droht, mit Wut und Haß reagiert.
Karl Steinbuch regt den Leser in seinem Buch »*Automat und Mensch*« zu folgendem Gedankenexperiment an: Man stelle sich vor, daß der Übergang vom geozentrischen zum heliozentrischen Weltbild noch nicht vollzogen sei, sondern daß erst in unserer Zeit Kopernikus seine Theorie in einem Buch publiziert habe, das nun brandneu auf dem Ladentisch der Buchhandlungen aufliegt.
Karl Steinbuch vermutet mit Recht, daß Kopernikus eine schwere Zeit durchzustehen hätte, daß er zur Zielscheibe des allgemeinen Gespötts würde, daß um seine Person die wildesten politischen, bzw. »atheistischen« Verdächtigungen entbrennen würden etc. Zwar blieben dem Gelehrten in unserer Zeit Folter und Scheiterhaufen erspart, doch es scheint immerhin wahrscheinlich, daß seine Existenzgrundlage zerstört würde.
Die Umgestaltung des kosmologischen Weltbildes, wie sie durch Kopernikus eingeleitet wurde, steht aber im Prinzip in keinem Verhältnis zum Wandel der anthropologischen Gleichung, der sich erst heute vollzieht und dessen Konsequenzen noch lange nicht erfaßt worden sind. Die Folgen, die sich für die Bewertung des Menschen aus der phylogenetisch-ethologischen Forschung einerseits und

aus der kybernetischen Wissenschaftsposition andererseits ergeben, sind von einer Tragweite, die die kosmische Revolution weit übertrifft, zumal das Wissen um die Weite des Universums auch bei der *HW* latent schon immer vorhanden war, während sie bei der Beschreibung des Menschen auch heute noch in der Mythologie Zuflucht nimmt. Darwins Lehre von der Abstammung des Menschen und die Forschungsergebnisse der auf ihn zurückgehenden Ethologie, bzw. das Wissen der Kybernetik, daß das menschliche Gehirn nicht der einzig mögliche Ort für mentale Prozesse ist, zwingen zu einer totalen Revision des klassischen Menschenbildes. Wo immer dieser Umsturz der anthroplogischen Gleichung registriert worden ist, fehlt es nicht an reaktionären Stimmen, die sich im Namen der *HW* geschockt fühlen und ihrem Mißbehagen wortgewaltig Ausdruck verleihen.

Obwohl bereits der ionische Naturphilosoph Anaximander das theoretische Konzept für den Evolutionsgedanken entworfen und die Vermutung ausgesprochen hatte, daß der Mensch das Produkt einer langen Entwicklungsgeschichte sei, blieb es erst dem 19. Jahrhundert vorbehalten, den wissenschaftlichen Beweis für die Richtigkeit der Evolutionstheorie zu erbringen. Obwohl die Richtigkeit des Evolutionsgedankens schon im letzten Jahrhundert überzeugend belegt werden konnte, verstummte bis heute nicht das Murren der *HW*, da sie durch Darwins Lehre die schöne Parabel von der Erschaffung des Menschen zerstört sieht, wie sie in der Genesis der Bibel und in den Schöpfungsmythen aller Kulturen anzutreffen ist. Die Angriffe, denen Darwin nach Bekanntwerden seiner Theorie von seiten der Kirchen und »geisteswissenschaftlichen« Fachgelehrten ausgesetzt war, zeugen vom Schock einer *HW*, die ihr schönes Bild einer heilen Welt bedroht sah.

Schon Darwin hat begonnen, Mensch und Tier nicht nur

in organischer Hinsicht, sondern auch im Verhalten zu vergleichen. Auf dieser komparativen Betrachtungsweise gründet die Ethologie, welche die biologischen Komponenten des menschlichen Verhaltens aufdeckt. Das ungeheuere Material, das vor allem in den letzten Jahren zusammengetragen worden ist, weist zwischen Tier und Mensch eine solche Fülle analoger und homologer Verhaltensweisen nach, daß es heute schwer fällt, die These der klassischen Anthropologie zu verteidigen, die den Menschen kategorial vom Tier unterscheidet.

Daß zwischen Tier und Mensch ein prinzipieller Unterschied vermutet wird, liegt in der Komplexität des menschlichen Verhaltens begründet, das kein Tier zu imitieren in der Lage ist. Doch den Menschen nur aufgrund seiner Überlegenheit, die sich vor allem in Kulturleistungen ausdrückt, als absolute Kategorie einzuordnen, scheint mit einer vorurteilsfreien und wertneutralen Betrachtung nicht vereinbar zu sein.

Die Differenz zwischen Mensch und Tier, die sowohl im Habitus als auch im Verhalten ausgemessen werden kann, läßt sich auf folgende Formel bringen: Das Tier ist ein von Instinkten gesteuerter Fachidiot mit viel Gefühl und wenig Verstand, während der Mensch ein zwar instinktgestörter, aber vernunftsbegabter Laie ist, dessen unspezialisierte Disposition eine maximale Verhaltensbreite und eine optimale Anpassungsfähigkeit erlaubt. Was Wunder, daß sich unser Vetter noch immer von Ast zu Ästchen schwingt, während wir uns unter und über dem Wasser, auf und in der Erde, in und über der Luft fortbewegen?

Die ablehnende Haltung der *HW* gegenüber der ethologisch-phylogenetischen Forschung, welche auch heute noch heftiger Kritik ausgesetzt ist, liegt primär in folgenden drei Vorurteilen begründet:

1. Man stößt sich am Schimpansenlook des Menschen und

scheut den Gedanken einer Verwandtschaft, welche Vorstellung nicht nur als erniedrigend empfunden wird, sondern auch nicht mit jener *metaphysischen Arroganz*, die der *HW* den Blick für die Realität trübt, in Einklang zu bringen ist.

2. Menschliches Sein und Verhalten darf keiner Kausalität unterliegen, es darf wissenschaftlich nicht erklärbar und durchdringbar sein, es läßt sich nur mit irrationalen Formeln und Mythologemen umschreiben und vernebeln.

3. Man vermag sich nicht vom Erbe des Dualismus zu lösen, der dem Tier nur eine materielle Substanz, dem Menschen aber eine materielle *und* eine geistige Substanz bescheinigt.

Der Horror der *HW* vor den biologischen Realitäten, der im wesentlichen in diesen drei Vorurteilen gründet, ist in doppelter Hinsicht interessant:

Erstens kann diese ablehnende Haltung als eine Weise der *metaphysischen Arroganz* begriffen werden: Bar jeder geistigen Demut erachtet die *HW* den Menschen als Spitzenprodukt eines überirdischen Willens, der im gesamten Universum eine Kategorie *sui generis* darstellt und dessen Herkunft, Sein und Fortbestehen sich der rationalen Einsicht entziehen. Weil die Weite und die Komplexität des Neuhirns den Menschen notwendigerweise weit über das Tier stellen, vermag die *HW* keine Affinität zwischen Mensch und Tier wahrzunehmen.

Vielmehr sieht sie in der Vorstellung der Verwandtschaft eine frevelhafte Verzerrung ihres mythologischen Menschenbildes, welche Protesthaltung als Folge verletzter Eitelkeit verstanden werden muß. Daß sich die *HW* stets wider die wissenschaftliche Einsicht verhält und den Geist aufgeklärter Rationalität verteufelt, beruht letztlich in ihrer unbelehrbaren Überheblichkeit, aus der auch jener Aberglaube resultiert, der die Erde zum Mittelpunkt des kosmischen Geschehens zentriert und den Menschen als den absoluten Star des gesamten Schöpfungsaktes versteht. Zweitens eignet der ablehnenden Haltung der ethologisch-phylogenetischen Einsichten eine kuriose Situationskomik: Obwohl sich die *HW* als das Spitzenprodukt eines divinen Willens erachtet, wird ihr Verhalten gerade durch jene Merkmale charakterisiert, die nicht dem *homo sapiens*, sondern einzig dem Tiere zur Ehre gereichen. Ein Hauptmerkmal der *HW*, ihre intellektuell nicht bewältigte Aggressivität, findet man auf jener spezifischen Stufe des Tierreiches, wo die Ratten siedeln. Alle typischen Verhaltensstörungen, die den *»Steckbrief der HW«* füllen, resultieren gerade daraus, daß sich die *HW* wie eine schlecht organisierte Tiergemeinschaft verhält, anstatt sich und ihr Verhalten unter Einsatz des Intellekts rational zu kontrollieren.

Daß sie sich an Blut und Boden bindet, daß sie ein maßloses Rangordnungsstreben entfaltet, daß sie jeden Fremdkörper mit pathologischem Haß ausstößt, daß sie sich gegen jede Innovation stellt etc., sind in erster Linie Verhaltensweisen, die nicht einem Humanismus, sondern einem Animalismus entsprechen. Mit Nachdruck sei noch einmal an den von der *HW* praktizierten Faschismus erinnert, der als einziges Ordnungsprinzip das Faustrecht anerkennt. Das gleiche Gesetz des Stärkeren steuert auch das Verhalten der Tiere in freier Wildbahn, welches Ausleseverfahren sattsam bekannt ist.

Je unkritischer und distanzloser der Mensch in der Welt steht, desto mehr gleicht er dem Tier, das von den Gesetzen der Umwelt nur besessen, d. h. verwaltet und vergewaltigt wird. Erst die intellektuelle Verrechnung schafft jenen dem Tier nur minimal eignenden Abstand zur Welt, aus dem heraus der Mensch zum Former und Besitzer eben dieser Welt wird.

Da aber diese kritische Distanz der *HW* fehlt, narrt sie sich selbst durch ihr Festklammern an ein Menschenbild, das von ihrem Verhalten her am wenigsten zu rechtfertigen ist. Vielmehr steht die Art, wie sie sich verhält, mit der Weise, wie sie den Menschen sieht, in einem totalen Gegensatz. Um es auf eine bündige Formel zu bringen: Die *HW* und ihre pseudo-humane Ideologie sind eine *contradictio in adiecto.*

Noch in einem weit größeren Umfang als Kopernikus oder Darwin wird die Entwicklung der Kybernetik einen Umsturz der hinterweltlerischen Ideologien herbeiführen. Die Konsequenzen und Reaktionen haben sich bereits mit aller Schärfe abgezeichnet. Der Horror vor dem Maschinen-Menschen ist dabei nur eine Form des Schocks, den die kybernetische Revolution ausgelöst hat.

Da die Kybernetik lehrt, daß das zerebrale Verrechnungszentrum des Menschen nicht der einzige mögliche Ort für mentale Prozesse ist, wird die Menschheit zum Abbau uralter Vorurteile gezwungen. Das Unbehagen über diese Revision altgewohnter und »evidenter« Denkmuster manifestiert sich in erster Linie in jener Flut von unqualifizierter Literatur, in der sich der unbewältigte Schock durch eine Entstellung und Verzerrung der eigentlichen Problematik ausdrückt.

Um die geistige Situation unserer Zeit zu charakterisieren, sei ein Satz von Karl Steinbuch zitiert: »Wenn für die Außenwelt des Menschen etwas pathetisch behauptet wird: Die Zukunft hat schon begonnen! So gilt für die Innenwelt des Menschen etwas realistischer: Das Mittelalter ist noch nicht zu Ende!«

Die Erfindung und Entwicklung von maschinellem Denkzeug beängstigt die *HW* insoweit, als dadurch die irrationalen Menschenbilder hinterweltlerischer Philosophien *ad absurdum* geführt werden. Die unseriöse Kritik an der

kybernetischen Wissenschaftsposition gründet in erster Linie darin, daß die Behauptung, der Computer werde dem Menschen niemals gleich sein, noch nicht falsifiziert werden kann. Da die *HW* stets vom Wunsch getragen ist, die menschliche Existenz zu mystifizieren und das Verständnis derselben dem rationalen Bereich zu entziehen, versucht sie unter Beschwörung des »Geistes«, der nur dem Menschen eigne, ihre Stellung zu verteidigen und ihre mittelalterlichen Denkkategorien zu konservieren.
Wie sehr der Fragenkomplex des innermenschlichen Bewußtseinsraumes mystifiziert ist und noch einer wissenschaftlichen Durchdringung bedarf, verdeutlicht jene akademische *HW*, die noch heute die Leib-Seele-Problematik mit cartesianischen Begriffen und Vorstellungen zu verdüstern nicht müde wird. Das Bemühen der *HW*, die »Seele« als substanzielle Kategorie zu retten, bringt Martin Walser auf die bündige Formel: »Was sie vom Körper nicht wissen, taufen sie Seele.«
Wahrscheinlich steht unsere Generation vor dem epochalsten Ereignis der Menschheitsgeschichte, nämlich der Erkenntnis, daß der Mensch nicht der einzige Ort ist, in dem sich »Geistiges« ereignet, und daß sich mit den Begriffen »Leib« und »Seele« ein Weltbild verbindet, dessen steriler Dualismus die fatalste Fehlentwicklung der Geistesgeschichte offenbart. Das dualistische Weltbild ist der Menschheit seit ältesten Zeiten so tief einprogrammiert worden, daß jedes Rütteln an den Grundfesten dieser Ideologie bei deren Anhängern eine Defensivhaltung auslöst, die sich sofort in eine rattoide Aggression verwandelt.
Den Mythos der Seele rational aufzulösen, wagen selbst anerkannte Fachautoritäten nur mit jener verschleiernden Vorsicht, die das Schockverhalten der *HW* als schwer kalkulierbares Risiko kennt. Die Desillusionierung, durch

die sich die *HW* in ihrer Existenz bedroht fühlt, gipfelt in Fragen wie: Können mentale Prozesse als Funktionen eines elektro-chemischen Vorgangs definiert werden? Können Denkakte in technischen Systemen ablaufen? Können psychische Vorgänge objektiviert werden? Sind die Verhaltensweisen des Denkens und Sprechens informationstheoretisch beschreibbar? Ist der Mensch als Input-Output-Maschine determiniert? Inwieweit ist er eine *black box*? Ist der Mensch konstruierbar? Gibt es eine psycho-physische Identität?

Norbert Wiener, der mit Recht als einer der geistigen Väter der Kybernetik gilt, definiert diese moderne Lehre einer interdisziplinären Forschung als Wissenschaft der »Regelung und Nachrichtenübertragung im Lebewesen und in der Maschine«. Die Aspekte der Kommunikation und der Steuerung dominieren in den meisten Definitionen, weil die Information und die durch Informationen ausgelösten Prozesse die Basis dieser Wissenschaftsbetrachtung bilden. So beschreibt Karl Steinbuch Kybernetik als »die Wissenschaft von den informationellen Strukturen im technischen und außertechnischen Bereich«.

Weil der Kybernetiker in erster Linie Techniker ist, beschränkt er sich nicht bloß darauf, die strukturellen Zusammenhänge in Organismen und organischen Systemen theoretisch zu analysieren, sondern er versucht auch, die als wesentlich erkannten Zusammenhänge in Modellen zu simulieren. Prozesse, die bislang nur in Lebewesen beobachtet wurden, laufen heute in »seelenlosen«Maschinen ab.

Da sich die Kybernetik mit dem Studium von Systemen beschäftigt, die in der Lage sind, Informationen aufzunehmen, zu speichern, zu verarbeiten und sie zur Steuerung und Regelung zu benützen, stellt sich die Frage, welcher Art diese Befehle, d. h. diese Informationen sind, mittels denen die Kommunikation zwischen den kohärierenden Systemen erfolgt. Aus der Erfahrung weiß man, daß aufgrund vorwissenschaftlicher Assoziationen der Begriff *Information* meist mit dem gesprochenen oder geschriebenen Wort identifiziert wird. Diese Identifikation erfaßt jedoch das Wesen der Information nur partiell, die zu definieren vielleicht mit dem Synonym »alles« gelingt.

Alles kann nämlich Information sein. Die Frage ist nur, ob ein Empfänger dieselbe versteht, da das informationstragende Signal nicht von jedem Rezeptor aufgenommen werden kann. Während der Mensch über seine fünf Primärkanäle der Sinnesorgane Informationen in visueller, akustischer, taktiler, olfaktiver oder gustativer Form empfängt, ist es bei der Maschine ein Stromstoß, der als Nachrichtenträger fungiert.

Der Begriff der Information nimmt in der Kybernetik eine ähnlich zentrale Rolle ein, wie eine magische Parabel im Denken der *HW*. Die johanneische Aussage »in principio erat verbum« mit »am Anfang war die Information« zu übersetzen, wie es in blasphemischer Absicht bereits getan wurde, ist so abwegig nicht, da der Information in ihrem Totalitätscharakter tatsächlich eine absolute Rolle zukommt.

In theoretischer Hinsicht ist die Informationstheorie bemüht, die mathematischen Grundlagen für die Kybernetik zu schaffen, während in praktischer Hinsicht der *homo ludens* der Technik am Werke ist, um die mathematisch formulierten Zusammenhänge in seinen Nachrichten verarbeitenden Systemen zu realisieren. Während in Soziologie, Psychologie, Biologie etc. die kybernetische Wissenschaftsposition schon längst zur fundamentalen Grundlage der Denkindustrie geworden ist, scheuen sich rein »geisteswissenschaftliche« Disziplinen wie Philologie oder Kunstgeschichte mit dem nervösen Unbehagen des Bedrohten, das Denken oder die Methode der Kybernetik zu akzeptieren.

Der Horror der »Geisteswissenschaft« vor der Kybernetik ist verständlich, wird doch ihr mythologisches Bild des Menschen durch das kybernetische Konzept zerstört. Der Mensch wird nämlich nicht länger als jenes von irrationalen Mechanismen gesteuerte Wesen begriffen, in dem allein geistige Vorgänge beobachtbar sind. Da die Grundthese der Kybernetik lautet, daß alles, was wir an geistigen Funktionen beobachten, die Rezeption, Selektion, Transformation, Komputation, Konservation und Emission von Informationen ist, wird das menschliche Gehirn seines klassischen Monopolismus beraubt, der einzige Ort für »geistige« Vorgänge zu sein.

Doch diese Desillusionierung des Menschen wird noch durch eine weitere Beobachtung gesteigert. Wie heute schon ziemlich allgemein bekannt ist, ist das zerebrale Rechenzentrum des Menschen durch eine Unmenge von Interferenzen und Störfaktoren in seiner Leistung stark behindert, weil die menschliche Intelligenz an ein biologisches System gebunden ist. Deshalb ist es auf die Dauer unvermeidlich, daß maschinelle Intelligenzen, die durch keine biologisch bedingten Interferenzen in ihrer Effektivität behindert werden, dem Menschen den Rang ablaufen werden.

Auguste Comte hat im ersten Rausch des Positivismus das Dreistadiengesetz entwickelt, das besagt, daß der Mensch in seiner Geistesgeschichte drei Stadien durchlaufe, nämlich den theologischen oder mythologischen Zustand, dann denn metaphysischen und schließlich den wissenschaftlichen oder positiven. Das will besagen, daß der Mensch zuerst das Fehlen einer rationalen Einsicht in die Gesetzlichkeit der Natur durch den Glauben an ein numinoses Walten ersetzt, demzufolge Wind, Blitz, Donner als göttliche Aktionen etc. erklärbar werden. Im zweiten Stadium versucht der Mensch die »übernatürlichen« Kräfte nicht durch Gottheiten, sondern durch die Entitäten der Metaphysik zu umschreiben und erst im dritten, dem positiven Stadium erkennt der Mensch — etwa in Anschluß an Kant — die Sinnlosigkeit dieses Tuns und beginnt die Welt im empirischen Geist der Physik zu durchdringen. Emphatisch ruft Comte aus: »Wer erinnert sich nicht, Theologe in seiner Kindheit, Metaphysiker in seiner Jugend und Physiker in seinem Mannesalter gewesen zu sein!«

Bei aller Hochachtung vor diesem Denken, müssen auch ihm illusionäre Züge bescheinigt werden. Erstens droht die moderne Physik wiederum zur Metaphysik zu entarten, da sie uns Blicke in Räume gestattet, die zu beschreiben mit den herkömmlichen Mitteln der Physik nicht gelingt. Der moderne Physiker gleicht einem Kaspar Hauser, der nach zwanzig Jahren Dunkelhaft durch eine Ritze einen Blick in die Außenwelt tun durfte und beglückt ausruft: »Ich habe die Welt gesehen!«

Zweitens scheint auch der Mensch der positiven Phase diese nicht erreicht zu haben, sondern noch immer in einem vormythologischen Stadium herumzuirren. Solange der Neocortex unter dem Einfluß des Archicortex steht, und die menschliche Fähigkeit zur rationalen Durchdringung von den acherontischen Energien biologischer Urkräfte gestört wird, haben wir kaum Chancen, dem Käfig unserer mythologischen Welt zu entrinnen.

Da er um dieses Dilemma der menschlichen Existenz wußte, vertrat der bekannte Atomphysiker MacGowan in einem Aufsatz folgende These: Der Mensch kann erst dann elementare Einsichten in die Zusammenhänge der Welt gewinnen, wenn das von ihm entwickelte Denkzeug durch Intelligenzverstärkung in der Leistung soweit gesteigert worden ist, daß die maschinelle Intelligenz ohne

die Störfaktoren, denen die an den Bios gebundene menschliche Intelligenz ausgeliefert ist, die Urprobleme der Menschheit neu durchdenken könnte.
Ein technisches System von der gleichen potentiellen Leistungskapazität wie das Gehirn des Menschen wäre zu Einsichten befähigt, neben denen die Erkenntnisse der größten Genies zu mittelmäßigen Denkversuchen verblassen würden. Da wahrscheinlich in absehbarer Zeit auch nicht aktivierte Regionen des Gehirns durch gezielte chemikalische Behandlung positiv beeinflußt werden können, wird sich zwar auch die menschliche Intelligenz weiter verbessern, doch auf die Dauer wird sie trotz künstlicher Leistungssteigerung vom informationsverarbeitenden Automaten in den Schatten gestellt werden.
Diese desillusionierenden Gedanken — desillusionierend, weil der Mensch von der klassischen Anthropologie systematisch verklärt und mystifiziert worden ist — vermögen die Herzen der *HW* nicht zu begeistern. Um ihr anthropologisches Weltbild zu retten, versteift sie sich auf den Faktor des Bewußtseins, weil dieses Mensch und Automat wesenhaft unterscheide. Ohne auf diese komplexe Problematik einzugehen, die zu diskutieren noch verfrüht erscheint, — vgl. Karl Steinbuch, »Automat und Mensch«, p. 351: »Es wäre für unsere Überlegungen von unschätzbarem Wert, wenn ein physikalisches System von der Komplexität des menschlichen Nervensystems aufgebaut werden könnte. Bis zum Beweis des Gegenteils vermute ich, daß ein solches System von sich behaupten würde, es habe ein Bewußtsein (und auch Gefühle)« — sei darauf hingewiesen, daß weder Kybernetiker noch Nicht-Kybernetiker mit dem Begriff »Bewußtsein« etwas Rechtes anzufangen wissen.
Da dieser Terminus nur unbefriedigend definiert werden kann, dürfte es sich auch in diesem Fall um ein typisch

semantisches Problem handeln. Wie schon oft bei der Diskussion von verworrenen Begriffen dürfte sich auch das Wort »Bewußtsein« zum Schluß als ein Surrogat für eine unklare Vorstellung entpuppen, hinter der sich ein Scheinproblem unmodifiziert durch die Jahrhunderte retten konnte. Um diese Gedanken durch einige Hinweise auf ähnliche Probleme zu veranschaulichen, seien Termini wie »Willensfreiheit«, »Seele«, »Geist« etc. in Erinnerung gerufen.

Zwischen Mensch und Menschmaschine besteht in den Gesetzmäßigkeiten, mit denen sie Informationen aufnehmen, verarbeiten und umstrukturiert von sich geben, kein ersichtlicher Unterschied. Da das menschliche Denksystem noch immer viel komplexer als alle zur Zeit bekannten automatischen Systeme ist, ist der Mensch noch immer zu ungleich höheren Denkleistungen fähig als die Maschine. Die ungeheure Spanne der Informationsverarbeitung, wie sie dem menschlichen Denksystem eignet, umfaßt kein Automat. Damit ist zwar ein gradueller, aber kein prinzipieller Unterschied zwischen dem menschlichen Denkapparat und dem maschinellen Denkzeug skizziert.

Abgesehen vom Raum des »Bewußtseins« gilt die Einschränkung, eine Maschine könne nur das leisten, wozu sie programmiert sei, und nur das wiedergeben, was ihr an Informationen eingefüttert wurde, auch für den Menschen, der ebenfalls nur das produzieren kann, was er an Daten von außen gesammelt hat und wozu ihn die Strukturen seines Denkapparates befähigen. Das Beispiel des Kaspar Hauser beweist zur Genüge, daß das Verhalten eines nichtkommunizierenden Individuums, das nur dürftige Informationen von der Außenwelt empfängt, undifferenziert ist.

Andererseits vermag ein Automat seine Leistungen signifikant zu verbessern und zu steigern, wenn er in direkter

Kommunikation mit der Außenwelt steht und sein Verhalten über möglichst viele Kanäle durch den Rückkoppelungsprozeß des *feed-back* steuern und kontrollieren darf. Da es noch nicht eindeutig entschieden ist, ob das »bewußte« Empfinden einen prinzipiellen Unterschied von Mensch und Menschmaschine rechtfertigt, lassen wir diese Frage unentschieden, aus Furcht, eine Fehlentscheidung zu treffen.

Obwohl noch viele Fragen der Kybernetik offen sind, zwingen die bewiesenen und relevanten Einsichten dieser jungen Wissenschaft eine pseudo-akademische *HW*, ihr überkommenes Menschenbild in einer Weise umzubauen, die unerträglich dünkt. Der Schock, den die kybernetische Denksituation ausgelöst hat, drückt sich in jener giftigen und unseriösen Literaturflut aus, die zu diskutieren nicht lohnt. Die Kritiken an der Kybernetik reichen von der Maschinen-können-nicht-Hysterie bis zur hinterweltlerischen Verklärungsideologie des *homo mythologicus*. Mitten in der hitzigsten Diskussion gab Karl Steinbuch auf die Frage »Ist ein Teesieb intelligent?« die nüchterne Antwort:

»Die Frage, ob ein Teesieb intelligent ist, wirft interessante grundsätzliche kybernetische Probleme auf. Bei uns herrscht gemeinhin die Vorstellung, daß das Materielle und das Geistige kategorial unterschiedlich und zwischen beiden prinzipiell keine Übergänge vorstellbar sind. Ich halte diese Vorstellung, die uns durch die Geschichte überkommen ist, für sehr unheilvoll. Es geht um die Einsicht, daß das, was wir als Geist und geistige Phänomene ansehen, letztlich ›nichts anderes‹ ist als die Wirkung neuronaler Prozesse in unserem Gehirn.«

Diese Invektive gegen das cartesianische Weltbild, das nicht erst seit Descartes, sondern im Prinzip seit Anbeginn die europäische Geistesgeschichte geprägt hat, richtet sich gegen den Zerfall der Welt in ein Innen und Außen.

Noch heute gründet der Geist der meisten Fakultäten in der cartesianischen Philosophie einer gespaltenen Welt, ergo bemühen sich zwei »wesensverschiedene« Disziplinen, eine Geistes- und eine Naturwissenschaft, deren Unvereinbarkeit von einer pseudoakademischen *HW* gelehrt wird, um das gleiche Objekt. Eifersüchtig wachen zwei Instanzen über nämliche Objekte, die zu analysieren im Teamwork interdisziplinärer Forschung mit Gewinn gelänge.
Das (im Prinzip) wertvolle Bemühen, die komplexen Ausdrucksformen eines Sprachschöpfers oder Malers mit einem reichen Wortaufwand qualitativ zu beschreiben, verliert dann seinen Wert, wenn die »Geisteswissenschaft« ihre Konstruktionen und Interpretationen als Wissenschaft verkaufen will. »Geisteswissenschaft« kann weder in ihrer Methode noch in ihrem »Geist« Wissenschaft sein. Ferner verbirgt sich hinter der unglücklichen Bezeichnung »Geisteswissenschaft« die unseriöse Vorstellung, als ob sie allein das »Geistige«, das Schöne und Gute verwalte, während die Naturwissenschaft nur das Materielle, Unwichtige und im Prinzip Schmutzige zum Gegenstand ihrer Betrachtung habe. Der Terminus »Geisteswissenschaft« hat sich aus guten Gründen zum begrifflichen Wandschirm verwandelt, hinter dem sich ein unseriöses Verhalten edel tuend verbirgt.
Charles Snow hat in seinem aufsehenerregenden Referat *»The both cultures«* — am Rande sei vermerkt, daß die anglo-amerikanische Wissenschaft mit den *beiden Kulturen* die Denk- und Kulturindustrie meint; diese Unterscheidung entspricht nicht in allen Punkten unserem klassischen Schema von Natur- und Geisteswissenschaft — herausgestrichen, daß das Bemühen der Naturwissenschaft primär der objektiven Nachprüfbarkeit gilt, weswegen sie intersubjektive Einsichten ermöglicht, während der Geisteswissenschaftler aufgrund der Subjektivität seiner Einsich-

ten diese nur ungenügend dem Mitmenschen mitteilen kann. Aus dieser sozialen Komponente der beiden in Methode und Beschreibung divergierenden Disziplinen folgert Charles Snow, daß die Geisteswissenschaft keine moralische Berechtigung habe, sich eine Wissenschaft zu nennen. Schon Kant — und vor ihm Plato — erkannte, daß in einer Disziplin »nur so viel eigentliche Wissenschaft angetroffen werden könne, als darin Mathematik anzutreffen sei.« Jede echte Naturwissenschaft hat daraus die Konsequenz gezogen und ist bemüht, ihre Einsichten in der unbestechlichen Sprache der Mathematik zu formulieren, um diese Erkenntnisse einer objektiven und intersubjektiven Verifikation zugänglich zu machen.

Die Devise der Objektivität und der intersubjektiven Einsicht liegt dem »Geisteswissenschaftler« wenig am Herzen, denn er ist nicht bemüht, seine Weisheiten in klaren Symbolen darzustellen, sondern hält seine Wahrheiten für umso tiefer und größer, je reduntanter sie formuliert werden. Die Metalinguistik hat schon seit langer Zeit nachgewiesen, daß in jeder Sprache das Weltbild und die Denk-, bzw. Kulturmuster der Sprachproduzenten enkodiert sind. Da sich die Sprache langsamer entwickelt als die dazugehörige Kultur und da sie das traditionsreichste Kulturprodukt überhaupt ist, sind auch in den modernen europäischen Sprachen eine Unzahl mythologischer Vorstellungen und semantischer Widersprüchlichkeiten enthalten, so daß die Sprache nur bedingt fähig ist, jene Wissenschafts- und Lebenstatsachen zu verbalisieren, wie sie uns heute bekannt sind.

Diese Widersprüchlichkeiten und Unzulänglichkeiten sah schon der polnische Logistiker Graf Korzybski in der Sprache der Mathematik aufgehoben, die die höchste menschliche Symbol- und Sprachleistung überhaupt darstellt. Die Sprache der Mathematik würde ein Modell liefern, um die semantisch unsaubere Alltagssprache zu purgieren, um eine Sprache genauer Relationen zu ermöglichen, die der Struktur der Welt und gleichzeitig der des eigenen Nervensystems entsprechen würde. Außerdem könnten die Unzulänglichkeiten redundanten Verbalisierens ausgeschaltet werden.

Mit der Mathematisierung der Wissenschaft beginnt sich der unselige Unterschied von Geistes- und Naturwissenschaft trotz negativer Reaktionen der akademischen *HW* langsam aufzuheben, und er wird endgültig aufgehoben sein, wenn diese Mathematisierung restlos gelungen ist. Als daher die Mathematik im Stil der Informationstheorie und der Statistik begonnen hat, sich in die geheiligten Räume der »Geisteswissenschaft« einzuschleichen, begann das große Wehklagen der traditionellen *HW*.

Mit hellem Entsetzen wandte man sich gegen die »unadäquate« Methode, sah hohe und höchste Werte bedroht und steigerte die traditionell bedingte Mathematikphobie bis zur Hysterie. Da ein »Geisteswissenschaftler« von echtem Schrot und Korn mit Stolz darauf hinzuweisen nicht müde wird, daß er von Mathematik nichts verstehe und im Prinzip diese Form des Denkens verachte, entwickelte sich die Mathematikphobie z. T. zu einem Snobismus, der in der »Geisteswissenschaft« zu einem institutionellen Statussymbol entartet ist. Diesen Snobismus der Mathematikfeindlichkeit sieht Karl Knauer darin mitbegründet, »daß Mathematik und nicht zumutbare Komplikation des Denkens zu einer Art Synonym geworden sind.«

Die Zahlenpsychose hatte mit dem Beginn der Fünfziger Jahre das Lager der »humanistisch-geisteswissenschaftlichen« Disziplinen erfaßt, als die Informationstheorie begonnen hatte, die sprachlichen Strukturen literarischer Werke, die Formelemente von Bildern, die Ordnungen musikalischer Texte etc. mathematisch zu beschreiben.

Kulturprodukte, die noch heute für weite Kreise nur mittels der »intuitiven« Einsicht faßbar scheinen, wurden nun quantitativ analysiert. Die statistischen Sprachanalysen eines Wilhelm Fucks oder die sprachstatistischen Bemühungen amerikanischer Institute, die im Dienst der mechanischen Übersetzungsmaschinen stehen, lösten unter den europäischen Philologen keinen gelinden Schock aus, da die neue Methode den pseudohumanistischen Kulturismus der akademischen Dunkelmänner zu erschüttern drohte.
Die hier entwickelten Gedanken sollen nicht den falschen Eindruck erwecken, als wäre die Beschäftigung mit Literatur, Musik oder Kunst überhaupt nur auf der Basis der Mathematik möglich. Die Wertung, Beschreibung und Interpretation eines Gedichtes oder Bildes, wie sie der Literaturkritiker oder Kunsthistoriker versucht, zählen mit zu den wertvollsten Bemühungen, zu denen reflektorisches Denken und reproduktives Kulturverhalten überhaupt fähig sind, denn der Genuß eines Kunstwerkes, der auch dessen kritische Diskussion impliziert, und die Fähigkeit zum Verständnis desselben sind in ganz eigentlicher Weise die signifikanten Merkmale des Menschen, der in der Kunst eine seiner höchsten und komplexesten Ausdrucksformen gefunden hat.
Aber: Wer als Altphilologe über das Bild des Kochs in der griechischen Literatur meditiert, wer als Germanist ein Trakl-Gedicht interpretiert oder als Kunsthistoriker den Faltenwurf von Boticellis *»Judith«* analysiert, muß sich den Vorwurf der Schwätzerei gefallen lassen, wenn er seine wertvollen Einsichten als die Produkte eines »Geisteswissenschaftlers« begreift. Die Geisteswissenschaft kann erst dann wieder als eine seriöse Disziplin anerkannt werden, wenn sie das Mäntelchen der Wissenschaftlichkeit ablegt, sich von der Denkindustrie löst und sich der Kulturindustrie angliedert, d. h. wenn sie aus dem uni-

versitären Forschungsbetrieb ausgeschlossen und an literarische Zirkel, Museen, bzw. an die entsprechenden Institutionen des jeweiligen Kulturbereiches angeschlossen wird.
Die Alma Mater der Denkindustrie sollte in Zukunft nur mehr jene Disziplinen beheimaten, die ihre Erkenntnisse mathematisch zu formulieren in der Lage sind, während die Kulturindustrie jene Fächer zu verwalten hat, die ihre Einsichten nur mit einem reduntanten Wortaufwand und aus der subjektiven Wertung heraus verbalisieren kann. Mit der Aufteilung des jetzigen Wissenschaftsbetriebes in die Denk- bzw. Kulturindustrie wäre das anachronistische Problem von »Geisteswissenschaft« und »Naturwissenschaft« in der Weise gelöst, daß die Denkindustrie der Universität nur mehr objektive Wissenschaft betreibt, während die Kulturindustrie die »schöngeistige« Tradition unter bewußtem Verzicht auf Wissenschaftlichkeit weiterführt.
Nachdem die Kybernetik aus der oben zitierten These von Kant die Konsequenzen gezogen und unter der Devise der interdisziplinären Forschung begonnen hatte, alle Teilgebiete und Disziplinen der Wissenschaft zu mathematisieren, vollzog sich jener Prozeß der Desillusionierung und Entmystifizierung, der vor allem die »humanistischen« Fächer erfaßte. Dennoch wird noch heute jene pseudohumanistische Ideologie, die ein von Mythologemen und irrationalen Vorstellungen modifiziertes Menschen- und Weltbild entworfen hatte, das im Laufe der Zeiten immer weniger mit der Wirklichkeit übereinstimmte, von der akademischen *HW* als Schirm und Schild mißbraucht, mit dem sie sich gegen den Weltbildwandel wappnet.
Dieser Weltbildwandel aber, wie er sich in unserer Zeit vollzieht, bietet gerade dem denkenden Menschen die Möglichkeit, sich auf seine eigentliche Basis zu stellen und sich in rationaler Weise zu begreifen, ohne mythologische

Denkmuster strapazieren zu müssen. Freilich können die endgültigen Konsequenzen und der Zielpunkt dieses Weltbildwandels aus der momentanen Situation heraus nur spekulativ vorausbestimmt werden.
Dennoch ist es erstaunlich, daß dieser Prozeß, der auch in der Welt von morgen nicht abgeschlossen sein wird, selbst im universitären Milieu nur teilweise in das Bewußtsein der Berufsdenker und Wissenschaftsbeamten eingedrungen ist. Die Rolle des Menschen, seine Herkunft, sein Weiterleben, sein Verhalten, seine Innenräume und seine Strukturprinzipien gelten für die Mehrheit noch immer als metaphysische Rätsel, die man im gewohnten Stil mit magischen Formeln verdüstert, anstatt sie einer sachlichen Diskussion zuzuführen.
Die akademische *HW* hat den Schritt vom Mythos zum Logos noch lange nicht vollzogen, da sie auch in unserer Zeit die Scheinprobleme der Vergangenheit mit der gleichen Borniertheit wie eh und je diskutiert und darüber die eigentliche Problematik vergißt. Daß der Mensch denken und sprechen kann, daß er liebt und haßt, daß er entsteht und vergeht etc., daß sich die Gestirne bewegen und die Erde mit ihnen, daß sich das Leben entwickelt, daß ein Grashalm wächst etc., ist absolut nicht mystisch; daß aber überhaupt *etwas* ist, muß jeden denkenden Menschen mit tiefem Staunen erfüllen.
Die Weise, *wie* man Seiendes vorfindet, ist verstehbar und kann wissenschaftlich beschrieben werden; die Urfrage der Metaphysik aber, *warum* überhaupt Seiendes ist, bleibt ein unlösbares Rätsel, das auch für die Kybernetik undurchdringbar bleibt. Es gehört zum Wesen der *HW*, daß sie in ihrer anti-wissenschaftlichen Haltung schlichte Physik zur Metaphysik entfremdet und die eigentlichen Tiefen der Metaphysik dabei übersieht. Vom breiten Pseudo-Hintergrund geblendet, vermag die *HW* weder den reel-

len Vordergrund wahrzunehmen noch den wirklichen Hintergrund zu erkennen, weil sie in jener Metawelt siedelt, in der zwar jede Trivialität dämonisiert wird, die Wesensfragen aber nie zur Sprache kommen.

Als der Mensch begonnen hatte, sich von der Erdenschwere zu lösen, verurteilte die *HW* das Flugzeug als eine Erfindung des Satans. Das feuerschnaubende Dampfroß hatte schon früher die Gemüter erregt, waren doch die Anklänge an den Leibhaftigen zu offenkundig. Nicht weniger heftig wehrte man sich gegen das Raumfahrtprogramm, und eine simple Mondlandung, die schon bald keine Schlagzeilen mehr liefern wird, ist schon lange vor ihrer Realisierung als Frevel empfunden worden. Wo immer der Mensch die »natürlichen« Grenzen der Natur (Wasser, Luft, All etc.) übersprungen hatte, wehrten und drohten die Schergen der *HW*.

Veränderungen der Natur, die Bewältigung der Physik, die Beherrschung der Naturgesetze etc. haben stets den Unwillen der *HW* erregt. Mit dem nämlichen Abscheu registriert sie auch jede Modifizierung des Menschen und seines Verhaltens. Drogen, Anti-Baby-Pille, soziale Gerechtigkeit etc. sind nur Schlagworte, die an den endlosen Katalog von Innovationen erinnern sollen, durch die die negativen Reaktionen der *HW* ausgelöst worden sind. Diesen Katalog aufzuzählen, überschreitet den Rahmen dieses Kapitels selbst dann, wenn man sich auf die aktuelle Situation beschränkt.

Da die *HW* mit nervösem Unbehagen auf jede Innovation reagiert und sich stets wider die wissenschaftliche Einsicht verhält, entwickelt sie sich nicht evolutiv in und mit der Welt, sondern verharrt in der Düsternis jenes selbst gezimmerten Käfigs, an dessen Eingang der Inquisitor schützend steht. Mit Unlust nimmt es die *HW* zur Kenntnis, daß sie in unserer Zeit den Geist aufgeklärter Rationalität nicht länger mit Folter und Scheiterhaufen unterdrükken darf. Doch die kultivierteren Methoden der Repression sollen nicht darüber hinwegtäuschen, daß die Macht der *HW* auch heute noch groß genug ist, um den Fortschritt in altbewährter Weise mit Erfolg zu bekämpfen.

Die ewige Wiederkehr des Gleichen

Üb immer Treu und Redlichkeit

Daß nicht nur der Mensch, sondern auch das Tier zu einfachen Erfindungen fähig ist, hat bereits die Antike beobachtet; doch es blieb unserem Jahrhundert vorbehalten, diese Erkenntnis experimentell zu verifizieren. Seit Wolfgang Köhler ist es eine gesicherte Tatsache, daß auch das Tier im beglückenden »Aha«-Erlebnis neue, für seine Existenz wichtige Verhaltensweisen lernt.

Wolfgang Köhler experimentierte mit Affen. Diesen bot er eine Frucht, Motivation und Ziel des tierischen Bemühens, zwar in Sicht-, aber außer Reichweite an, um das kreative Verhalten seiner Affen zu testen. Den Tieren standen Stöcke, Schnüre oder Kisten zur Verfügung, mittels deren Hilfe die ausgesetzte Banane erreichbar wurde. Hatte das Tier einmal gelernt, ein Gerät richtig einzusetzen, so pflegte es in Zukunft bei gleicher oder ähnlicher Konstellation, ohne den Umweg von Versuch und Irrtum zielstrebig vorzugehen. Seine durch ein »Aha«-Erlebnis gewonnene Einsicht wurde so zum festen Teil seines geistigen Besitzes.

Eine interessante Frage, die sich in diesem Zusammenhang stellt, wirft das Problem auf, ob Erfindungen, die ein Individuum einer Tiergemeinschaft macht, vom Verband akzeptiert und imitiert werden, bzw. ob Innovationen, die eine ganze Gruppe tatsächlich akzeptiert hat, weitertradiert werden und Eingang finden in das Kulturgut einer Tierart. Das Problem der Erfindungen und Traditionen bei Tiergemeinschaften kann am Verhalten jener Makaken diskutiert werden, welche schon vor Jahren auf der Insel Koshima angesiedelt worden sind, um in einer natürlichen Umwelt tierpsychologische Studien vornehmen zu können.

Als Futter für die Makaken dienen Bataten und Weizenkörner, die die Wärter am Strande ausstreuen. Diese Form der Fütterung hat zur Folge gehabt, daß die Tiere lange Zeit sandbeklebte Früchte konsumieren mußten (was den Genuß spürbar verringert), bis eine Äffin durch Zufall auf die Idee gekommen ist, die schmutzigen Bataten in einem Wasserlauf zu waschen. Um die Geschichte abzukürzen: Mit der Zeit lernten die Tiere auch, die Kartoffeln ins Meerwasser zu tauchen, d. h. sie mit Salzwasser zu würzen und so eine Geschmacksveredelung herbeizuführen.

Ferner gelang es ihnen, unter Anwendung des »Goldwäscherprinzips« die Weizenkörner vom Schmutz zu reinigen, indem sie die Körner mitsamt dem Sand in das Wasser warfen und die auf der Oberfläche schwimmende Nahrung wieder herausfischten. Ihre Vertrautheit mit dem Wasser konnte soweit gesteigert und weiterentwickelt werden, daß sie sogar Schwimmen und Tauchen lernten. Die interessante Beobachtung, die die Wissenschaftler in diesem Zusammenhang machten, ist die folgende:

Die entscheidenden Erfindungen gelangen einer intelligenten Äffin; da aber die Affen in einer straff hierarchisch organisierten und patriarchalisch orientierten Sozialordnung leben, waren die (älteren und männlichen) ranghöheren Tiere nicht willens, die neuen Verhaltensweisen anzunehmen, wiewohl sie einen echten Fortschritt bedeuteten. Das Wissen mußte zuerst in der eigenen Sippe solange an die jüngeren Mitglieder weitertradiert werden, bis im Laufe der Generationen der ganze Tierverband an den segensreichen Erfindungen partizipierte. In ihrer Uneinsichtigkeit hielt die etablierte Herrscherclique an der ewigen Wiederkehr des Gleichen fest und verhinderte mit Erfolg, daß segensreiche Innovationen zum sofortigen Kulturbesitz aller wurden.

Die Art und Weise, wie Tiergemeinschaften Erfindungen, bzw. neue Einsichten weitertradieren, ist analog zum Verhalten der *HW*, die sich ebenfalls krampfhaft an das Althergebrachte klammert und jede Veränderung des gewohnten Verhaltensschemas mit Entsetzen von sich weist. Aus dem Horror vor Innovationen resultiert jenes konservierende Verhalten der *HW*, das dem *animal rationale* in seiner Rolle als *homo ludens* widerspricht. Das Neugierverhalten, das ein Lebewesen dazu veranlaßt, sich und die Welt über die gewohnten Ordnungen hinaus zu enträtseln, sollte in ganz besonderer Weise den *homo sapiens* auszeichnen.

Wer mit der permanenten Nervosität des prometheischen Menschen in die Welt tritt, kann sich mit dem satten Behagen der *HW* nicht einverstanden erklären. Da sich diese weder von den überlieferten Vorstellungen zu lösen vermag, noch den Wunsch verspürt, verändernd auf die Umwelt zu wirken, gleicht die *HW* in ihrer fatalistischen Passivität jenen stumpfen Makakenmännchen, die ihre Bataten und Weizenkörner auch weiterhin mitsamt dem Sand und dem Schmutz verschlangen.

Diese Freude an der *ewigen Wiederkehr des Gleichen* und der Haß auf alle das gewohnte Schema störenden Veränderungen drücken sich auch in einer Reihe von Urmythen aus: in der Verstoßung Lucifers, in der Verurteilung des Prometheus und in der Parabel von Kain und

Abel. Interessanterweise decken sich die Vorstellungen der griechischen und jüdischen Mythologie im prinzipiellen Denkmuster genau; verschieden ist nur die narrative Einkleidung.

Der griechische Prometheus und der jüdisch-christliche Lucifer (zu Deutsch: der Lichtbringer) sind zwei geistige Brüder, deren Kongenialität sich selbst in Verhaltensdetails zeigt. Beiden gemeinsam ist der Haß auf den diktatorischen Regierungsstil des Obergottes, der mit despotischer Strenge jede Änderung der Verhältnisse verhindert, und beide trachten danach, die Starre der bestehenden Ordnung aufzuheben. Beide verfügen auch über ein Maß von Intelligenz, das sie von ihren dümmlichen Partnern des gleichen sozialen Rangs angenehm unterscheidet. Beide sind deshalb auch ein Dorn im Auge des Obergottes, weil er in ihnen jene gefährlichen Rivalen sieht, die seine unangefochtene Position, die er unter den Halbgöttern und Menschen einnimmt, erschüttern könnten.

Das Licht ist das Ursymbol des Geistes und der Erkenntnis; wer es in Form des Feuers verwaltet, nimmt eine Monopolstellung ein, die ihm die absolute Herrschaft garantiert. Um den Obergott von seinem monokratischen Thron zu stoßen, versuchen die beiden kongenialen Brüder, dem divinen Alpha-Tier das Feuer zu rauben und es in die Welt zu bringen. Zur Strafe wird der eine in die finsteren Tiefen der Hölle verstoßen, der andere an einen Felsen im Kaukasus geschmiedet, wo ihm ein Adler die Leber zerhackt, die nachts immer wieder nachwächst.

Prometheus heißt zu Deutsch der Vorausdenkende, der Vorauswissende, als der er jenes Vermögen signalisiert, das auch den *homo sapiens* auszeichnet, während sein dümmlicher Bruder den durchsichtigen Namen *Epimetheus* (= der erst nachträglich Erkennende) trägt. Epimetheus tut stets, wie ihm aufgetragen worden ist; er kennt keine kritische Distanz zur Welt; er beläßt sie, wie sie ist; er hat keine Ambition, das Antlitz seines Lebensraumes zu gestalten. Er ist der geborene Büttel, der sich mit der Passivität des Lakaien in die Welt schickt. Der Obergott lohnt es ihm in der Weise, daß er stets ungeschoren bleibt und allerlei Dienstleistungen ausführen darf.

Doch Prometheus (Lucifer) findet sich mit der Rolle des passiv Dienenden nicht ab. Er ist der Prototyp des Revolutionärs, der die erstarrten Ordnungen umzubauen bestrebt ist, der die Evolution aktivieren will und der sich nicht dem Diktat einer vorprogrammierten Welt fügt. Er fällt daher wie Sokrates, Christus, Bruno etc. in Ungnade und wird liquidiert.

Die Prometheus-Epimetheus-Polarität, der Konflikt zwischen dem aktiven und dem passiven Prinzip, kommt in noch deutlicherem Maße in der Parabel von *Kain und Abel* zum Ausdruck. Kain ist der Weltgestalter und -veränderer. Er will die Welt nicht so verlassen, wie er sie vorgefunden hat. Unermüdlich formt er das Antlitz der Erde, reißt den Boden auf, sät Samen in die Furche und ringt dem Erdreich neue Früchte ab. Abel dagegen ist der epimetheische Mensch, der nicht versucht, auf seinen Lebensraum gestaltend einzuwirken. Er schickt sich in die räumlich-zeitliche Umgrenzung, ohne deren Ordnungen neu zu strukturieren. Deshalb ist er Hirte, der sich darauf beschränkt, die Schafe zu behüten, die sich nach einer immanenten Gesetzlichkeit von alleine mehren und erhalten.

Kain denkt und lenkt, Abel meditiert allenfalls; Kain führt jene *vita activa*, deren revolutive Akzente die *HW* zu schockieren vermögen; Abel dagegen erfreut sich an der *ewigen Wiederkehr des Gleichen*. Als beide zum Opferaltar treten, schlägt beim einen der Rauch nach unten, beim anderen steigt er auf zum Himmel. Kains Früchte, Ergebnis einer aktiven Weltveränderung, mißfallen dem konservativen Gott der *HW;* doch Abels Opferlamm, Symbol dümmlicher Unschuld und Produkt einer unveränderlichen Weltordnung, ist vor den Augen des gestrengen Richters wohlgefällig.

Der prometheische Mensch zeigt das Neugierverhalten des *homo ludens,* indem er in Frage stellt und sich kritisch mit der Welt auseinandersetzt, indem er sucht und probiert, indem er die Mühe des Neubeginnens nicht scheut, wenn er scheitert. Der prometheische Mensch führt das ekstatische Leben des *homo sapiens,* was besagen will, daß er hinaustritt aus der Uniformität des Gleichschritts und die *ewige Wiederkehr des Gleichen* durch neue Akzente modifiziert bzw. in ein kreatives Wagnis verwandelt. Der prometheische Mensch prägt seinen Lebensraum als Reformer, er entwickelt sich evolutiv in und mit der Welt und verschwendet seine Energien nicht in der Konservierung überlebter Strukturen, wie sie das Antlitz der *HW* prägen.

Konrad Lorenz hat im Aufsatz *»Psychologie und Stammesgeschichte«* auf zwei charakteristische Merkmale des Menschen hingewiesen: seine durch das Nichtspezialisiert-Sein bedingte Weltoffenheit und die *Neotenie der Neugier.* Während die Tiere nach Beendigung der Pubertät in der Regel das Neugierverhalten ablegen und sich in angeborener, bzw. andressierter Mechanik verhalten, ohne das artspezifische Verhaltensprogramm signifikant zu variieren, hat jeder Mensch die potentielle Fähigkeit, über die Pubertät hinaus die Rolle des *homo ludens* weiterzuspielen.

Meist lassen die Menschen ihre kreativen Kräfte ungenützt und verkümmern in spießiger Muffigkeit, zumal wenn sie sich dem Verhaltenscodex der *HW* verpflichtet fühlen. Die geistige Unruhe, wie sie den *homo sapiens* zeit seines Lebens begleitet, eignet weder dem Tier noch dem Spießbürger. Augustins Bekenntnisse, die seinem »unruhigen Herzen« entquollen, Goethes Faust oder Hölderlins Frage »Warum erstirbt nur mir in der Brust nie der Stachel?« sind die literarisch geformten Kulturleistungen jener menschlichen Urenergien, die in der *HW* nie zum Durchbruch kommen, da sie im unreflektierten Trott durch das Leben zieht.

Bei Mensch und Tier ist der Spieltrieb im Kindheitsstadium am meisten ausgeprägt; Mensch und Tier erleben während der Pubertät jene existentielle Verwandlung, die das ganze Wesen erschüttert. In dieser Phase der ontogenetischen Entwicklung, die im Volksmund als die Flegeljahre verschrien sind, ereignet sich der entscheidende Umbruch, und das Lebewesen zeigt jene spezifische Form des Neugierverhaltens, das als pubertär abgewertet wird. Hat das menschliche Tier auch noch die »Sturm-und-Drang-Jahre« glücklich hinter sich gebracht, so zieht jene »Reife« in sein Herz, die bei den meisten Menschen als euphemistische Tarnkappe für Gleichgültigkeit, Langeweile und Desinteresse zu demaskieren ist. Mit einem Wort: Es beginnt das große Gähnen, das sich hinter edelscheinenden Begriffen versteckt. Der Mensch degeneriert zum Tier, das ebenfalls den Rest des Lebens in »unpubertärer Reife« verbringt. Zu Unrecht ist der Terminus *pubertär* zum Schimpfwort entartet, mit dem man jene Verhaltensweisen bekrittelt, die der Neophilie, der Freude am Neuen entspringen. In Wirklichkeit muß es als ein Positivum gewertet werden, wenn sich ein Mensch seine »pubertäre« Gesinnung bewahrt, denn nur dann rettet er sich vor hinterweltlerischer Verdummung.

Es ist das »pubertäre« Verhalten des *homo ludens* gemeint, wenn Konrad Lorenz den Menschen als mit der *Neotenie der Neugier* ausgezeichnet weiß, womit er nichts anderes ausdrücken will, als daß das *animal rationale* den kritischen, lebendigen und bohrenden Geist der Jugend bis in das hohe Alter frisch erhalten kann und soll, um nicht im Ungeist der *ewigen Wiederkehr des Gleichen* zu verkümmern. Die innere Dynamik des *homo ludens* abzubauen oder sich abtöten zu lassen, bedeutet, sich in die Reihen der *HW* einzufügen.

Das extreme Neugierverhalten des »nackten Affen«, wie Desmond Morris den Mensch nennt, ist aus dem Nicht-spezialisiert-Sein des *homo sapiens* zu verstehen, weil er die Umwelt ständig erkunden und Neues erforschen muß, will er nicht zugrunde gehen. Während die Fachidioten aus dem Tierreich alle Voraussetzungen mitbringen, um in ihrem Lebensraum zu überleben, ist der Laie Mensch in seiner unspezialisierten Anlage jenes weltoffene Wesen, das nur unter Ausnutzung aller künstlichen Hilfsmittel den Lebenskampf meistert.

Während bei 192 von 193 Affenarten die Stärke der Neugier mit dem Alter schwindet, hat eine einzige Art, nämlich der »nackte Affe«, die Tendenz, ein unersättliches Neugierverhalten zu zeigen. In jedem Menschen verursacht das Neue einen Konflikt, da in jedem Individuum die Neophilie und die Neophobie, die Angst vor dem Neuen, angelegt sind. Je nachdem, welche Komponente stärker entwickelt ist, läßt sich der Menschentypus bestimmen. Obsiegt die epimetheische Neophobie, so ist ein Mensch der *HW* zuzuordnen, überwiegt aber die prometheische Neophilie, so wird der »nackte Affe« seiner auszeichnenden Benennung *homo sapiens* gerecht.

Wenn wir uns heute in trivialer Simplifizierung fragen, was unsere Urahnen bewog, aus dem satten Lebensraum des Urwalds auszuziehen und ein neues, gefahrvolles Leben in der Savanne zu wagen, so kann dieser Exodus partiell auch damit motiviert werden, daß es der Dynamos einer »pubertären« Gruppe war, der jene Urformen der Hominiden zur Auswanderung trieb.

Genauso wie die dynamischen Typen aus dem bäuerlichen Raum in das urbane Milieu abwandern oder wie vor Jahren die Lebensmutigen über den Ozean gesegelt und durch den Wilden Westen getreckt sind, während der Spießbürger daheim sitzen blieb, oder wie noch heute der *homo migrans* die Heimat der Väter verläßt, um sich in einem fremden Land eine Existenz aufzubauen, genauso eroberte sich der animalische Urahn zu Beginn der Hominisationsphase einen neuen Lebensraum, während die damalige *HW* in den Bäumen des Urwalds sitzen blieb. Aus dem *animal migrans* der *Prokonsul*-Gruppe wurde der *homo sapiens,* während sich aus den eingesessenen Bürgern der Urwald-*HW* die Untergruppen der Pongiden, die Schimpansen, Makaken, Gorillas etc. entwickelten.

Die Identifikation des Spießbürgers mit dem Tier scheint auch deshalb gerechtfertigt zu sein, weil beiden die elementarsten Verhaltensweisen jeder geistigen Evolution fehlen, nämlich das Staunen und der Zweifel; das Staunen, das Plato als den Ursprung der Philosophie bezeichnet, und der Zweifel, von dem Aristoteles sagt, daß nur er zur Entdeckung der Wahrheit führe. Ein Mensch, der nicht staunt, stellt nie die Urfrage des *Warum?,* und ein Mensch, der nicht zweifelt, entwickelt kein kritisches Denken, ohne das *die ewige Wiederkehr des Gleichen* zu jenem heiligen Ritus mystifiziert wird, der die starre Weltordnung der *HW* charakterisiert.

Da die *HW* mit allen Mitteln das Gestern gegen das Morgen verteidigt, ohne ihre tradierte Ideologie oder die als Kulturerbe »eingeborenen« Verhaltensmuster zu modifizieren, bekennt sie sich zu einer Form des Chauvinismus, wie er allenfalls dem Tierreich eignet, eines *homo sapiens* aber nicht würdig ist. Den überspitzten und in Sinnlosigkeit entarteten Traditionalismus der *HW* zu erschüttern, kann nur als ein Beitrag zum Humanismus begriffen werden, in der Weise, daß durch eine Destruktion einer nicht mehr lebendigen und den Fortschritt hemmenden Überlieferung jedes reduntante Mauerwerk abgebaut wird, um den Menschen wieder auf seine wesenhafte Fundamente zu stellen.

Daß die *HW* durch ihre Flucht in die institutionellen Ordnungen starre Verhaltensschemata konserviert und in diesem Beharrungsstreben jeden evolutiven Fortschritt hemmt, wurde bereits festgestellt. Da es dem Menschen ferner ein Bedürfnis zu sein scheint, seine eigenen Verhaltensschemata zu glorifizieren, fehlt es auch bei der *HW* nicht am massiven Bemühen, ihr im Traditionalismus befangenes Tun zu verklären. So hat denn der *Hinterweltler,* der in seiner Rolle als Stabilisierungsfaktor primär in staatlichen und kirchlichen Institutionen tätig ist, eine spezielle Verklärungsideologie entworfen, an der freilich die Züge eines urmenschlichen Einstellungscharakteristikums festzustellen sind.

Obwohl die Tendenz, die Erlebnisse der Vergangenheit zu mystifizieren, und eine gewisse Angst vor der Zukunft aus psychologisch leicht einsehbaren Gründen bei jedem Menschen latent angelegt sind, hat der Ruf nach »der guten alten Zeit« im Denken der *HW* Dimensionen angenommen, die selten mit der Realität in Einklang zu bringen sind. Zwar verbietet es unsere, einer Fortschrittsideologie huldigenden Zeit, offen ein Bekenntnis zu den Formen und Inhalten der Vergangenheit auszusprechen, aber dennoch kommt das Beharrungsstreben der *HW* im Gesamtverhalten deutlich genug zum Ausdruck, und dort, wo sich der *Hinterweltler* verbal distanziert, demonstriert er in der freudigen Hingabe, mit der er unzeitgemäße Formen pflegt, überdeutlich seine wahre Gesinnung.

Wenn immer ein Volk im Laufe seiner Geschichte in einer Phase der faschistischen Regression mit der Verklärung seiner Vergangenheit beginnt, so fällt die im Prinzip wenig überraschende Tatsache ins Auge, wie schnell und wie viele (oft talentierte) Köpfe diesem »Reformprogramm« ihre Unterstützung leihen. Als z. B. nach dem Zerfall des Freistaates das vom Bürgerkrieg ausgeblutete Reich der Römer unter dem monarchistischen Regime des Augustus neu erstarkte und individuelles Denken wieder mit Verbannung gesühnt werden mußte, begann man unter staatlicher Kontrolle, alte Vätersitte zu restaurieren, Moral und Religion aufs neue zu institutionalisieren und den Geist der »guten alten Zeit« mit kultischem Eifer zu beschwören.

Unter den vielen Dichtern, Schriftstellern und Künstlern, die im Dienst des augusteischen Reformprogrammes standen, sei vor allem der Historiker Livius erwähnt, der nicht müde wird, in seinem geschichtlichen Monsterwerk trotz besseren Wissens die »Tugendhaftigkeit« der Vergangenheit zu preisen und die sittliche Verderbtheit der Gegenwart zu beklagen. Rezept Nr. 1: Nehmt euch an den Urahnen ein Beispiel, imitiert deren Verhalten und übt euch in traditionellen Bräuchen, dann wird die Welt wieder heil und gut. Hinweise auf die Maxime des 1000jährigen Reiches oder auf das Athen unserer Tage, scheinen überflüssig zu sein.

Parallel zur Glorifizierung der Vergangenheit spielt sich in der menschlichen Psyche ein gegenläufiger Prozeß ab, nämlich die Sorge und die Angst vor der Zukunft, die ihr unheilvolles Walten mit jeder Innovation ankündigt. Da der Mensch in einem (wahrscheinlich empirisch bedingten) Pessimismus dazu neigt, das Ungewisse und Undurchschaubare negativ zu interpretieren, empfindet er das zukünftige Geschick insgesamt als Bedrohnis. Anstatt sich auf die Welt von morgen vorzubereiten, flieht er in die Welt von Gestern, in der Hoffnung, durch diese Abkehr jene schützende Geborgenheit zu finden, wie sie nur die Wärme des Mutterleibes garantiert. Die generelle Ablehnung der Modernität, bzw. die spezielle Flucht in jene, die überlebten Strukturen konservierenden Institutionen können daher als eine Form des Mutterkomplexes gewertet werden, der das Verhalten der *HW* in ganz entscheidendem Maße steuert.

In ihrer Scheu vor dem Morgen klammert sich die *HW* nicht nur krampfhaft an alle Ordnungen, die das Fortbestehen der »guten alten Zeit« sichern, sondern läßt sich auch bereitwillig von jenen Demagogen beeinflussen, die einen Blick in die Zukunft verheißen. Freilich scheut die *HW* die auf rationaler Einsicht gewonnenen Erkenntnisse der Futurologie ebenso wie die weltoffene Haltung der empirischen Wissenschaften, mit deren Hilfe auch das Morgen beherrschbar wird, und sucht wie üblich Aufklärung im Mythos.

Wo immer der Jenseitsglaube erschüttert worden ist und religiöse Ideologien an Vertrauen eingebüßt haben, drängt der *Hinterweltler* in die düsteren Hinterstübchen von Wahrsagern oder studiert die Horoskope der Boulevardblätter, im vermeintlichen Glauben, dadurch das Morgen in den Griff zu bekommen. Wer aus der Dummheit der *HW* Kapital herauszuschlagen bemüht ist, pflegt stets dieses Morgen mit magischen Formeln aufzuhellen, sei es, daß ein wahlwerbender Politiker Wohlstand und Sicherheit für alle verspricht, sei es, daß Astrologen ihren Kunden die große Liebe verheißen, sei es, daß klerikaler Übermut den Garten Eden in Aussicht stellt etc.

Wiewohl in jedem Menschen das oben diskutierte Ein-

stellungs- und Erwartungsschema — nämlich die Glorifizierung der Vergangenheit und der Horror vor der Zukunft — angelegt ist, bemüht sich die *HW* nicht, dieses psychische Muster durch verstandesmäßige Kontrolle zu modifizieren, sondern verzerrt es in ihrer Verklärungsideologie zu einem Prinzip, das nicht nur in den Urmythen zum Ausdruck kommt, sondern noch heute zu den primären, nicht bewältigten Existentialen der *HW* zählt. Aufgrund dieser, von einem Mutterkomplex motivierten Zukunftsangst hat sich die *HW* zu jener Phalanx zusammengeschlossen, die sowohl alle, die gewohnten Ordnungen störenden Innovationen bekämpft, als auch das Fortbestehen eingefrorener Traditionen und etablierter Irrtümer aktiv unterstützt, auch wenn sie dadurch eine Unzahl an sinnlosen Tabus, an überlebten Riten, an reduntanten Zeremonien oder leeren Denkformeln konserviert, deren Ineffektivität selbst der *HW* insgeheim einleuchtet. So freut sich die *HW* in ihrer Rolle als Custos und Verwalter musealer Normen, um aus ihrer historischen Befangenheit heraus die Mitwelt mit *der ewigen Wiederkehr des Gleichen* zu beglücken.
Karl Steinbuch hat einmal sein Bedauern darüber ausgedrückt, daß es in der BRD zwar »... 150 Institutionen gibt, die sich mit der wissenschaftlichen Analyse der Vergangenheit beschäftigen ... aber keine einzige Institution, die sich mit der sorgfältigen wissenschaftlichen Analyse der Zukunft beschäftigt.« Daß mittlerweile der Ruf nach der wissenschaftlichen Bewältigung der Zukunft Gehör gefunden hat, ist nicht zuletzt dem Bundespräsidenten Gustav Heinemann zu danken, der bei seiner Antrittsrede die Friedensforschung und die Futurologie als die wichtigsten Denkdisziplinen unseres Jahrhunderts erkannt und zu fördern versprochen hat. Auch Robert Jungk hat mit seinem Bestseller *»Die Zukunft hat schon begonnen«*

entscheidend dazu beigetragen, daß die rationale Kontrolle der Zukunft der breiten Öffentlichkeit als ein Gebot der Stunde bewußt geworden ist. Sein Kernsatz »Voraus-wissen ist Macht« hat Jungk zum Wegbereiter der Zukunftsforschung gemacht, dessen Forderungen nicht ungehört geblieben sind.

Der exzessive Hang zum überlieferten Kulturgut und die Überbetonung der traditionellen Bindungen kommen auch in jenem starren Moraldenken und -verhalten zum Ausdruck, wie es für die *HW* typisch ist. Da sich die *HW* als Wächterin des Althergebrachten versteht, gelingt es ihr nur mit Mühe und mit Widerwillen — falls überhaupt —, überkommene Moralbegriffe neu zu interpretieren, bzw. sinnwidrig gewordene Moralvorstellungen den veränderten ökologischen und soziologischen Verhältnissen anzupassen. So werden moralische Irrtümer zu irreparablen Vorurteilen eingefroren und als heilige Tabus für kommende Generationen konserviert.

Da das Sexualverhalten wie kein zweiter Verhaltenskomplex mit moralischen Tabus beladen ist, zeigt speziell in der Einstellung zur Sexualität jener für die *HW* typische Traditionalismus. Obwohl die Urenergie des Sexualtriebes notwendigerweise einer sozialen Kontrolle bedarf, was Helmut Schelsky in seiner *»Soziologie der Sexualität«* überzeugend, aber zu konservativ beweist, ist es ein Unding, dem Menschen sein Recht auf sexuelle Mündigkeit vorzuenthalten, was die klerikale *HW* noch immer mit Erfolg versucht.

Für diese eben genannte Gruppe der *HW* gilt die Formel: Sex und Sünde sind ein Synonym. Bis zu welchen Moralvorstellungen ein solches Vorurteil führen kann, verdeutlicht ein Zitat des Prälaten A. Maier vom Erzbischöflichen Ordinariat München-Freising: »Der Geist der Liebe wird nicht in den mörderischen Partisanenkämpfen in Südvietnam vertrieben, sondern hier, jetzt bei uns — etwa beim ›Badehosenkrieg‹ von Loope.« (Es ging um die Frage, ob Schüler sittlich verdorben werden, wenn sie unbekleidet voreinander baden. Ein ähnlicher Fall ereignete sich in der Schweiz *). Der Gedanke, Nacktheit könnte den Geist der Liebe gefährden, Mord aber nicht, kann nur aus einer »sittlichen Tradition« heraus verstanden werden, die Arno Plack als »pervers« klassifiziert. Weil sich die klerikale *HW* bis heute nicht von ihren mittelalterlichen Sexualvorstellungen gelöst hat, bewirkt jede Innovation auf dem Gebiet des Sexuellen eine Hysterie, deren aktueller Auswuchs nach wie vor in der Pillenpsychose des Vatikans gipfelt, einer Psychose, die eine kurze Stellungnahme verdient.

Daß die Menschheit bei Nicht-Eindämmung der momentanen Bevölkerungsexplosion in Bälde eine Populationsdichte erreicht haben wird, bei der das Leben selbst dann zur Hölle wird, wenn das Nahrungsproblem gelöst wer-

---

*) Ein Leserbrief aus dem *»Wohler Anzeiger«* vom 17. 2. 70, in dem ein Bürger mit Entsetzen auf die Nachricht reagiert, daß die Kinder der Elementarschule zu Waltenschwil nackt geduscht haben: »... Ich glaubte meinen Augen nicht zu trauen. Wir sind doch nicht in irgend einem Niederdorf, wo nackt geduscht und gebadet wird ... Das Schamgefühl ist in der Erziehung immer und unter allen Umständen zu schützen. Das ist ein Naturgesetz. (!) ... Der Leib ist ein Tempel des heiligen Geistes, und es ist nichts Schlechtes dabei, sondern gar alles von Gott gewollt. Aber es gibt eine Intimsphäre, die unter allen Umständen geschützt werden muß. Man zeigt sich anderen Menschen in einer Gemeinschaft von mehreren Personen nicht ohne Kleider ... Stimmbürger, tut eure Pflicht mit dem Stimmzettel und schützt eure Buben und Mädchen ... Nein in Waltenschwil soll kein einziges Kind ohne Badkleid duschen ... Damit Ihr die Gnade habt, diese Grundsätze zu verwirklichen, braucht es dringend notwendig das Gebet ... Mutige Männer voran! Gott wohnt seit der Taufe in den Seelen Eurer Kinder, und Ihr habt die strenge Pflicht, ihre sichtbaren Schutzengel zu sein. Also Mut! Mut! Mut! Wir halten an den bewährten Grundsätzen der Ahnen fest und lehnen jedes Neuheidentum ab.«

den könnte, hat sich sogar in der *HW* herumgesprochen. Denn ein menschenwürdiges Leben beginnt nicht nur beim Fressen, sondern auch beim Recht auf Individualdistanz, das nach Claus Jacobi — falls wir nichts tun — in spätestens 630 Jahren aufgehoben sein wird, wenn bei Andauern der derzeitigen Vermehrungsrate ein Mensch auf jeden Quadratfuß Erde zu stehen kommt.

Während im Tierreich ein instinktiver Mechanismus verhindert, daß eine Tierart eine maximale Frequenz übersteigt, um die vorhandenen Biotope nicht zu überfordern, konnte bisher beim Menschen keine diesbezügliche Homöostase beobachtet werden. Läßt man daher der Natur freien Lauf, so würde selbst in Ballungszentren die Bevölkerungsdichte ab einer maximalen Frequenz nicht gleichbleiben oder wieder abnehmen, sondern weiterhin geometrisch zunehmen. Da es höchst unwahrscheinlich ist, daß in der kritischen Jetztzeit ein Zufall oder ein überirdisches Walten eine Mutation bewirken, aufgrund welcher der Mensch ab einer bestimmten Populationsdichte vorübergehend die Zeugungskraft verliert, ist es ein Gebot der Stunde, daß der Mensch diese ausbleibende Mutation künstlich herbeiführt. Der Vatikan scheint auch heute noch bestrebt zu sein, jede Humanisierung des Lebens konsequent zu hintertreiben, wiewohl dieses menschliche Urgebot sogar im Alten Testament verankert ist, nämlich die Pflicht und das Recht des Menschen, sein animalisches Erbgut rational zu kontrollieren und die Welt dank seines Intellekts aktiv zu verändern. In diesem Sinn ist die Pille nicht nur ein Beitrag zu einem globalen Humanismus, sondern sie vermag auch, der durch die Kirche entmenschten Sexualität ihren humanen Wert wieder zurückzugeben.

Wiewohl die eingefrorenen Moralbegriffe der *HW* unter vielen Aspekten beleuchtet werden könnten, soll ihre historische Befangenheit nur unter einem Gesichtspunkt Thema werden. Gerhard Stoltenberg wirft in seinem Buch »*Staat und Wissenschaft*« die wichtige Frage auf, »welche Opfer man der heute lebenden Generation zugunsten der kommenden auferlegen soll.« In einer Rezension zu diesem Buch stellt Karl Steinbuch die Gegenfrage: »Dies ist eine gute Frage, aber ebenso wichtig ist die andere: Welchen Anteil unseres Vermögens (personell und materiell) vertun wir zur Konservierung unzeitgemäßer Strukturen.«

Daß die Denk- und Bildungsindustrie planmäßig am eigentlichen Bedarf vorbeiproduziert, liegt in der Tatsache begründet, daß ein historisch erstarrtes und falsch interpretiertes Humanistenideal die Bildungspolitik bestimmt. Da die Bildungspolitiker der *HW* in den naturwissenschaftlichen Fächern eher ein notwendiges Übel, als ein fundamentales Instrument zur Beschreibung des Menschen und der Welt erblicken, nimmt die empirisch orientierte Wissenschaftsbetrachtung in unserem Ausbildungssystem jenen stiefmütterlichen Platz ein, der nicht einmal jenen minimalsten Denkraum öffnet, um einer Wissenschaftsnation die elementarsten Einsichten in die Zusammenhänge der Weltordnung zu vermitteln.

Daß am Versagen der Bildungsindustrie nicht das humanistische Bildungsideal als solches, sondern eine pseudohumanistische Ideologie die Schuld trägt, beweist eine kurze Analyse des Lateinunterrichts, durch den ein antinaturwissenschaftlicher Chauvinismus herangezüchtet wird, wiewohl — und hier liegt die eigentliche Tragik — echtes humanistisches Denken und Naturwissenschaft eine unzertrennbare Einheit bilden.

Da sich die ersten Leseübungen auf Kriegsgeschichten beschränken, erlernt der Schüler die lateinische Sprache primär mit Hilfe eines martialischen Vokabulars. Beim

Studium des Lateins wächst daher jeder Zögling mit dem permanent vermittelten Grundwissen auf, daß das Morden zur obersten Bürgerpflicht zählt. Wenn der Lateinstudent endlich soweit fortgeschritten ist, daß er sich von den Kriegsgeschichten zu lösen vermag, wird er mit der faschistischen Ideologie des römischen Staatsapparates vertraut gemacht. Schon bald beginnt er Massenmörder und Antihumanisten im Stil eines Cator Maior zu schätzen und zu lieben.

Viel liest er von Caesar, Livius, Sallust und Ciceros Reden gegen Catilina, aber niemals lernt er literarische Kostbarkeiten kennen wie Senecas *Apocolocyntosis* oder Petrons *Satyricon.* Viel hört er vom augusteischen Reformprogramm, aber nur ungenügend lernt er Catull und die Dichterpersönlichkeiten der Elegie kennen. Unnötiges erfährt er von Ciceros philosophischem Ekklektizismus, aber selten wird er mit Lukretius vertraut gemacht. Emsig studiert er die horazschen Römeroden und ihr *»dulce et decorum est pro patria mori«*, aber kaum lernt er, die Satiren des Horaz zu würdigen etc.

Da der Lateinunterricht noch immer im Geist einer faschistoiden Verklärungsideologie abgewickelt wird, mit all dem Pathos, wie es seit Jahrhunderten üblich ist, ist der Bildungswert dieses Faches in inhaltlicher Hinsicht zweifelhaft; vielmehr muß er als eine pädagogische Fehlleistung begriffen werden, die einer baldigsten Umstrukturierung bedarf.

Eine ähnliche Kritik gilt auch für den Geschichtsunterricht, bzw. für alle Fächer, die sich hinter der edlen Maske der »Geisteswissenschaft« verbergen. Da die meisten Fachautoritäten unter Humanismus eine Ideologie verstehen, die sozial und historisch determiniert ist, nicht aber ein Bekenntnis zum individuell empfindenden *homo sapiens,* der sich ohne Vorurteil in und mit der Welt entwickelt, kann die Bildungspolitik der *HW* mit Erfolg die historischen Denkmodelle und Erziehungsideale des Mittelalters weitertragen. In diesem Klima hinterweltlerischer Verirrung muß die Naturwissenschaft notwendigerweise ein Fremdkörper bleiben, der keine Symbiose mit den »humanistischen« Fächern gelingt.

Obwohl die Naturwissenschaft die wesenhaften Grundlagen der menschlichen Existenz aufdeckt und daher in ganz eigentlichen Sinn als *human* zu bezeichnen ist, ist sie in den Augen der wissenschaftsfeindlichen *HW* ein »materialistisches« und »atheistisches« Machwerk, das die pseudohumanistische Ideologie der *HW* (mit Recht) bedroht. Um ihr pseudo-humanistisches Menschen- und Weltbild zu retten, verhindern die Dunkelmänner der *HW* mit obstinatem Sinn, daß im Ausbildungsprogramm der Schulen die naturwissenschaftlichen Akzente betont und ideologische Denkmuster ihrer antihumanen Mythologeme beraubt werden.

In ihrer uneinsichtigen Befangenheit dämonisiert die *HW* weiterhin das überlebte Weltbild verflossener Zeiten und vereitelt das Bemühen modern denkender Kulturpolitiker, die dafür eintreten, daß Humanismus wiederum Humanismus wird, d. h. daß sich das lernende Individuum seines eigentlichen Mensch-Seins bewußt wird, von mystischen Illusionen Abschied nimmt und die menschliche Existenz auf jene wesenhafte Fundamente stellt, die weder von ideologischen Defekten noch von den pseudohumanistischen Idealen der *HW* vermauert sind.

Umdunkelt vom Schatten einer pseudo-humanistischen, weil faschistoiden Ideologie, produziert die Bildungsindustrie der *HW* systematisch am zeitadäquaten Bedarf vorbei. Haben die Abiturienten, die in einer wissenschaftsfeindlichen Atmosphäre verbildet und mit antihumanistischen Vorurteilen vollprogrammiert worden sind, die

Häuser der Bildungsindustrie verlassen, um zu den Stätten der Denkindustrie zu drängen, so sind sie in der Regel nicht in der Lage, eine Entscheidung in Bezug auf das Studienfach zu treffen, das sowohl ihrem wahren Wesen als auch dem Geist der Zeit entspricht. Da sie in der Schule weder das wertfreie Denken der empirischen Wissenschaften gelernt haben, noch im Geist eines wissenschaftlichen Humanismus erzogen worden sind, belegen sie aus Unwissen auf der Universität oft jene Fächer, die von der gleichen *HW* wie in der Schule kontrolliert werden. Als akademisch gebildet gilt nämlich, wer das Prooimion zur Ilias auf Griechisch aufzusagen versteht und den Menschen als mystisches Werkzeug überirdischer Instanzen begreift, bzw. wer »geistige« Kategorien zu verwalten vorgibt und den Ekel vor der »materiellen« Welt mit karnevalistischer Übertreibung prostituiert.

Wenn der Student endlich das System durchschaut, das ihn jahrelang an der Nase herumgeführt hat, ist es meistens schon zu spät, um einen Studienwechsel vorzunehmen. So kommt es, daß die Denkindustrie zwar jährlich eine Unzahl von Überflußakademikern produziert, aber den eigentlichen Bedarf an Intelligenz, wie sie eine Industrie- und Wissenschaftsnation auszeichnen sollte, nicht zu decken vermag.

Wie sehr die Bildungs- und Denkindustrie unter dem Diktat der *ewigen Wiederkehr des Gleichen* laboriert, beweisen vor allem vier Faktoren: Noch immer verharrt man beim traditionellen Unterrichtsschema, obwohl selbst in naturwissenschaftlichen Fächern die Didaktik den immensen Wissenschaftsstoff weder in selektiver, noch in rezeptiver Hinsicht sinnvoll zu erfassen vermag; noch immer scheut man sich vor der interdisziplinären Forschung, obwohl die klassischen Lehrfach-Grenzen der komplexen Wissenschaftssituation schon lange nicht mehr gerecht

werden können; noch immer gelten Kollegialsystem und Teamwork als überflüssig, obwohl der autoritäre Geist unserer Bildungshierarchie der wissenschaftlichen Wirklichkeit nicht mehr entspricht; noch immer wird die Wissensvermittlung im Rahmen eines ideologischen Vorurteils abgewickelt, obwohl die Farce dieser Modalität sogar der *HW vom Dienst* partiell klar geworden ist.
Parallel zum Vorurteilsdenken der hinterweltlerischen Bildungspolitik, die das Ausbildungssystem im Geist der *santa inquisito* manipuliert, benutzt auch die Kulturindustrie vorfabrizierte Maßstäbe, um einen ästhetischen Ausdruck auszumessen. Gewohnt, in *Ismen* zu empfinden und die Produkte kreativen Verhaltens mit ästhetischen Vorurteilen zu bewerten, hat die *HW* einen Kulturmonopolismus konstruiert, den zu durchbrechen den Künstler zu Konzessionen zwingt, die mit dem Wesen der Kunst unvereinbar sind. Daß die primäre Kunst der Kunst darin besteht, von der Kunst leben zu können, verdankt eben diese Kunst jener hinterweltlerischen Kulturpolitik, die nur jene Formen und Aussagen gelten läßt, durch welche die Kulturideologie der *HW* bestätigt wird.
Die etablierte Kulturindustrie nimmt vor allem dann eine ablehnende Haltung gegenüber einem kreativen Wagnis ein, wenn die Erfolgsaussichten nicht hundertprozentig zu berechnen sind. So pflegt etwa der Kulturbetrieb am Broadway, der industriell abgewickelt wird, einen Künstler in das Kellertheater der Vorstadt zu verweisen, wollte er unter Verzicht eines zum Manierismus entarteten Ästhetizismus im expressiven Aussagestil eines Villon schockieren.
Der Schock, egal ob er von der Denk- oder der Kulturindustrie ausgeht, ist der nötige Motor, um die Entwicklung einer Gesellschaft in Gang zu halten. Wurde ein Schock zur Initialzündung, der eine eingefrorene Denk-

oder Verhaltensschablone abbaute, so droht das neue Denk- oder Verhaltensmodell bald wieder zu verhärten. Deshalb ist es notwendig, die zur These gewordene Synthese aufs neue durch eine Antithese zu erschüttern. Weil nur auf dieser Basis eine permanente Entwicklung möglich ist, muß jeder verantwortungsbewußte Denker oder Künstler den Mut zum kreativen Wagnis aufbringen, auch auf die Gefahr hin, von der *HW* verlacht, verurteilt oder gesteinigt zu werden.
Die Soziologie hat empirisch nachgewiesen, daß ein ästhetischer Ausdruck nur selten ein Vorurteil abzubauen oder ein neues Urteil herbeizuführen in der Lage ist. Faßt man den Begriff *ästhetischer Ausdruck* in seiner Bedeutungsweite, d. h. als Bezeichnung für jeden beliebigen Ausdruck, so darf gefolgert werden, daß der Schock eines kreativen Wagnisses nur selten sozial relevant ist und in der Regel der »Klubbesitz« weniger bleibt. Im gläsernen Turm dieser geistigen Außenseiter vermag er nicht das Verhalten der breiten Masse zu beeinflussen, die in ihrer Unbelehrbarkeit für die ewige Wiederkehr der gleichen Fehlleistungen verantwortlich zeichnet.
So kommt es, daß sich die *HW* trotz Anaxagoras, Sokrates, Christus, Kopernikus, Nietzsche, Darwin, Freud etc. immer wieder in der gleichen Weise fehlverhält wie vor 3000 Jahren und mehr. Die äußere Fassade unserer »zivilisierten« Wohlstandsgesellschaft und des technischen Fortschrittes soll nicht darüber hinwegtäuschen, daß im Herzen der *HW* des 20. Jahrhunderts, auch wenn sie Flugzeuge lenkt und am Bildschirm den Flug ins All verfolgt, die gleiche Ignoranz wohnt wie im Herzen jener *HW*, die einst in Athen zu Gericht saß, um dem »Jugendverführer« Sokrates Unrecht zu sprechen. Wir haben einen Anaxagoras verjagt, Christus ans Kreuz genagelt oder einen Bruno auf dem Scheiterhaufen verbrannt, wir haben

jeden wissenschaftlichen Fortschritt stets mit Erfolg torpediert, wir haben Galilei, Marx, Darwin, Freud etc. verlacht, aber noch immer triumphiert der antihumanistische Ungeist der *HW*.

Wir haben zwar gelernt, manche Geheimnisse des Mikro- und Makrokosmos zu enträtseln, wir haben begonnen, das Leben auf dieser Erde zu verstehen und das Fenster zu anderen Welten aufzustoßen, wir sind dabei, Welt und Mensch zu entmystifizieren, und dennoch verdunkelt der Schatten des Mittelalters noch immer unser Denken.

Wir haben die Kriege der Vergangenheit studiert, wir wissen von Lucilius, daß auch im alten Rom hinter der Maske des Biedermanns der Satan gewohnt und ein Mensch den andern in Bosheit verfolgt hat (Lucilius zum römischen Alltagsleben: »Jeder ist bemüht, dem anderen Fallgruben zu graben, als ob Krieg aller gegen alle herrsche.«), wir haben in zwei Weltkriegen zahlreiche Familienangehörige verloren und an Hab und Gut schwer gebüßt, wir haben den größten Völkermord der Geschichte miterlebt und direkt oder indirekt an der Wahnsinnsmaschinerie der NS-Unkultur gelitten, wir lesen täglich vom Leid in allen Teilen der Welt, wir lassen uns permanent mit Mordgeschichten berieseln, wir kennen die *Homolität* des Menschen, aber dennoch schüren wir den Haß, wüten in blinder Aggressivität und gehen unbeeindruckt am Lebenswerk von Albert Schweitzer vorbei.

Der Neocortex hat nur scheinbar über den Archicortex gesiegt, denn wir sitzen zwar auf dem Mond, sind aber nicht fähig, unsere Aggressivität zu kontrollieren; wir verherrlichen zwar den Logos, aber dennoch feiert der Mythos Triumphe; wir begrüßen den Geist aufgeklärter Rationalität und wissen um die Möglichkeit, unsere acherontischen Triebe durch den Intellekt zu modifizieren, und dennoch ist unser Verhalten von primitivsten Instinkten gesteuert.

Arthur Koestler, der um diese Schizophrenie des Menschen weiß und in Resignation die Worte »Kassandra ist heiser geworden« geschrieben hat, zeigte die Diskrepanz zwischen Alt- und Neuhirn überzeugend auf. Einerseits haben wir dank unserer *ratio* die Seuchen, Krankheiten, Kindersterblichkeit etc. unter Kontrolle gebracht und die explosionsartige Vermehrung der Menschheit ermöglicht, weiter haben wir die Energieproduktion bis zur Atomzertrümmerung und darüber hinaus gesteigert, haben den technischen und wissenschaftlichen Fortschritt ins Gigantische potenziert etc.; auf der anderen Seite aber sind wir immer noch Opfer primitiver Instinkte, unkontrollierter Affekte und dunkler Magien. Trotz Computer lassen wir uns von Mythen programmieren, trotz Kybernetik fühlen wir uns zu affektgeladenen Glaubenssystemen hingezogen, trotz Weltraumfahrt leben wir in Wahnvorstellungen, trotz A- und H-Bombe lösen wir uns nicht von unserer Aggressivität.

So verkörpert die *HW* als die Welt des Archicortex jenen Menschentypus, der nicht die Bezeichnung *homo sapiens*, sondern die Benennung *homo maniacus vel mythologicus* verdient. In ihrem Unvermögen, die Triebe des Althirns rational zu kontrollieren, bewirkt die *HW* die ewige Wiederkehr des gleichen Fehlverhaltens, sei es, daß sie sich in exzessiver Loyalität an die magischen Formeln institutionalisierter Irrtümer klammert, sei es, daß sie Blut und Boden dämonisiert, oder im Antisemitismus entartet. Dieser Ungeist hinterweltlerischer Unkultur verhindert daher mit Erfolg, daß sich parallel zum technischen und zivilisatorischen Fortschritt ein Humanismus entfaltet, wie er dem *homo sapiens* adäquat wäre.

Die metaphysische Arroganz

Ich weiß, daß ich nichts weiß

Mit Sokrates wird das erste (und bedeutendste) Buch der abendländischen Philosophie abgeschlossen. Nachdem die ionischen Naturphilosophen, Heraklit, die Eleaten, Empedokles, die Mechanisten und Atomisten ihre originellen Denkmodelle aufgebaut hatten, beginnt mit der Sophistik jene Kritik am Systemdenken, die sich aus dem Zweifel am menschlichen Erkenntnisvermögen herleitet. Zwar hat bereits Heraklit die Ansätze zu einer methodologischen Skepsis entwickelt, doch die Methode des radikalen Zweifelns wird erst von den Sophisten zur absoluten Denknorm generalisiert.

Da sie aufgrund ihrer Rhetorikpraxis die Dreiwertigkeit der Logik eingesehen und die Erfahrung gemacht hatten, daß man zu jedem Thema oder Problem eine positive, negative oder neutrale Haltung einnehmen könne, begannen sie, jenen erkenntnistheoretischen Skeptizismus zu entwickeln, der weniger darauf abzielte, die Werte umzuwerten, wie es die konservative Philosophiegeschichte behauptet, sondern der primär das Ziel verfolgte, die *metaphysische Arroganz* und *axiologische Primitivität* der damaligen *HW* bloßzustellen. Da die *HW* durch die Lehrtätigkeit der Sophisten massiv frustriert worden ist, entwickelte sich jener Haß auf die Sophistik, der den Begriff

Sophismus zum Schimpfwort verfälschte, mit dem noch heute die unseriöse Spiegelfechterei eines pseudo-intellektuellen Scharlatans angeprangert wird.
Nachdem sich der Wandel von der Rhetorikschule zur philosophischen Disziplin abgezeichnet hatte, wurden vor allem von Georgias und Protagoras die entscheidenden Positionslichter gesetzt. Mit dem Satze »Nichts existiert; wenn aber etwas existiert, ist es nicht erkennbar; wenn es aber erkennbar ist, ist es nicht mitteilbar« wird zum erstenmal ein erkenntnistheoretischer Relativismus grundgelegt und das Problem der objektiven Semantik ohne verschönernde Umschreibungen aufgezeigt. Die Unmöglichkeit einer absoluten Wahrheitsfindung wird durch den *Homo-mensura-Satz* des Protagoras nicht weniger radikal behauptet, wenn er mit der Aussage »Der Mensch ist das Maß aller Dinge« die prägnanteste Formel für den Subjektivismus findet. Wissend um die Relativität aller Denk- und Kulturmuster, haben die Sophisten den Menschen vom Podest anmaßender Selbstüberschätzung und bornierter Wertblindheit heruntergeholt und die Fundamente für ein kritisches Denken ausgegossen.
Zu Unrecht versuchen philosophische *Hinterweltler*, der Sokratesfigur sophistische Züge abzusprechen, im vermeintlichen Glauben, dadurch das Sokratesbild von jedem Makel zu bewahren. Dieses Bemühen ist dumm und peinlich zugleich, denn erstens ist Sokrates nur aus dem Geist des Sophismus zu verstehen und zweitens sind die Sophisten wahrscheinlich die reinsten, weil ehrlichsten Denker der Antike, die nur unter dem Druck der *HW* verteufelt worden sind. Diesselbe *HW* hat auch dem »Weisesten aller Menschen« (so der Orakelspruch aus Delphi) den Prozeß gemacht, und deshalb ist der Tod des Sokrates zum unsterblichen Symbol geworden, das Zeugnis ablegt von jener *metaphysischen Arroganz*, wie sie der *HW* eigen ist.

Am Anfang jeder Weisheit steht auch für Sokrates die Forderung des *»Erkenne dich selbst!«*, eine Einsicht, die den Menschen aus seinem intellektuellen Schlummer erweckt und ihm seine andressierte Dumheit, seine Vorurteile und Konformismen sichtbar werden läßt. Erst die Selbsterkenntnis führt zur Versachlichung der Lebensproblematik und schafft vor dem Hintergrund der Selbstkritik, die allein zur objektiven Kritik befähigt und legitimiert, eine vorurteilsfreie Diskussion der Lebensprobleme. Aus dieser Weisheit folgert die gelehrte Unwissenheit des *Ich weiß, daß ich nichts weiß*, die Sokrates den Ruf eingetragen hat, der weiseste Mensch zu sein.

Die paradoxe Formel vom Wissen um das Nichtwissen — paradox deshalb: wenn ich behaupte, nichts zu wissen, so kann ich auch nicht wissen, daß ich nichts weiß — scheint die höchste Leistung der Philosophiegeschichte aus diesem Grunde zu sein, weil sie den Menschen auf seine elementarsten Fundamente stellt und ihn zu einer permanenten Selbstkontrolle verpflichtet, um zu verhindern, daß er in der arroganten Selbstüberschätzung der *HW* den Boden zur Realität verliert. Sokrates wußte um diese geistige Arroganz der *HW*, und indem er zugab, nichts von dem zu verstehen, was jede *HW* zu wissen behauptet, war er in diesem Punkt weiser und klüger als das satte Heer der Bürger, das sich anmaßte, Dinge zu durchschauen, die einzusehen das menschliche Denkvermögen übersteigen.

Sokrates war permanent auf Wahrheitssuche, denn er wußte, daß jede Erkenntnis transzendent ist, d. h. daß sie nur ein Medium ist, das auf die eigentliche Wahrheit weiterweist. Diese Wahrheit zu suchen und zu ergründen, scheute er sich nicht, seine ganzen Energien trotz zunehmender Verarmung und sozialer Isolation zu investieren. Als adäquates Mittel zur Wahrheitsfindung erachtete er den Dialog, um durch die Kunst von Rede und Gegenrede, von Frage und Antwort die in jedem Menschen angelegten Wahrheiten hervorzuholen, mit derselben Behutsamkeit und Feinnervigkeit, mit der die Hebamme das Leben aus dem Mutterschoße holt.

In seinem Versuch, die Wahrheit existentiell zu verwirklichen, zog Sokrates unermüdlich durch die Straßen von Athen, trat an die Bürger heran und fragte sie aus. Von einem Sendungsbewußtsein erfüllt, nannte er sich selbst einen Zitterrochen, der die Menschen dadurch elektrisiere, daß er ihnen durch seine Frage-Antwort-Dialoge ihre Unwissenheit vor Augen führe und deren vermeintliches Wissen als Einbildung demaskiere.

Mit hintergründiger Bescheidenheit gab sich Sokrates selbst als Nichtwissender aus, der von dem klügeren »wissenden« Gesprächspartner Aufklärung haben wolle. Im Laufe des Gesprächs kehrte sich aber die Situation schnell um, indem der Partner durch den sokratischen Dialog an die Grenzen seines Wissens herangeführt wurde und sich (im Stillen) eingestehen mußte, daß er noch viel weniger wußte als der nichtwissende Sokrates. Diese Einsicht in das Nichtwissen fehlt der *HW*, weil sie sich aus ihrer *metaphysischen Arroganz* nicht zu lösen vermag. Da aber jede *HW* von der Einbildung besessen ist, die absolute Wahrheit zu verwalten, fühlten sich auch *die Männer von Athen* durch Sokrates in ihrer Eitelkeit gekränkt und reichten die Klage ein.

In seiner Verteidigungsrede führte Sokrates aus, wie er an die Politiker, Handwerker und Künstler herangetreten ist, sie ausgeforscht und dabei entdeckt habe, daß alle vom Glauben beseelt waren, über die letzten Fragen des Lebens Bescheid zu wissen. Da er diese ihre *metaphysische Arroganz* erschüttert, ihre Illusionen zerstört und ihren fatalen Absolutismus kritisiert hatte, erwuchsen ihm alle jene Feinde, die auf seine Vernichtung hinarbeiteten. Sokrates war der *HW* von Athen unbequem; er hatte sie aus ihrem satten Behagen aufgeschreckt und den eingesessenen Bürgern ihre anmaßende Dummheit so unverblümt vor Augen geführt, daß er gezwungen wurde, den Schierlingsbecher zu trinken. Nachdem das Todesurteil verkündet worden war, sprach Sokrates die prophetischen Worte, daß mit seinem Hinscheiden die Stadt in tiefen Schlaf versinken werde, da niemand mehr da sei, der so wie er unter größten persönlichen Opfern die *HW* von ihrem Dämmerzustand erlöse.

Die *HW* ist bis heute nicht aus diesem Dornröschenschlaf erwacht. Schwerlich wird sich ein Mensch finden, dem es gelänge, sie endgültig aufzuwecken. Wie zu den Zeiten des Sokrates maßt sich auch in unserer Zeit der *Hinterweltler vom Dienst* an, Wesensfragen mit Kalendersprüchen und Dörperreimen zu beantworten, hohe und höchste Werte mit der arroganten Überzeugtheit des Dummen zu verwalten, mit der transmateriellen Welt auf Du und Du zu stehen oder das absolute Gesetz zu verstehen.

Den gleichen Ekel über die satte Blindheit der etablierten *HW* mag Nikolaus von Cues empfunden haben, als ihn der Zweifel an der gelehrten Präpudenz der Scholastik befallen hatte. Deshalb versuchte er die sokratische Weisheit vom Nichtwissen mit seiner Lehre von der *docta ignorantia* aufs Neue zu verlebendigen. Auch in der Mitte der cusanischen Philosophie steht das sokratische Wissen um das Nichtwissen, welche Weisheit wenig später Spinoza in die Worte »omnis determinatio est negatio« kleidet:

Jede dogmatische Aussage ist eine Verneinung, jede ideologische Erstarrung bedeutet Verlust, jedes orthodoxe Denkmodell gibt die potentielle Vielheit preis und trägt in sich den Keim zum Angriff auf jene, welche um diese Fülle wissen. Da sich in jedem Wissen ein weit größeres

Unwissen offenbart und mit jeder dogmatischen Aussage die Fülle des Seins verleugnet wird, eignet dem, der einsieht, die kritische Distanz der Demut, denjenigen aber, die sich der Einsicht versperren, die unkritische Haltung der *metaphysischen Arroganz.*

In der Meinung, mit wenigen Begriffen das Absolute in den Griff bekommen zu können, verstellt sich die *HW* den Blick für die Wirklichkeit und verdummt in der Illusion, die Wüste des Seins mit wenigen Handgriffen zum trauten Wohnzimmer umbauen zu können, in dem ein sattes Behagen am Platze sei. Da einzig das Tier und der *Hinterweltler* ohne Staunen und ohne Zweifel sind, ist die *docta ignorantia* des Nicolaus von Cues, die letztlich im Skeptitismus der Sophisten gründet, jene Geisteshaltung, wie sie dem *homo sapiens* in ganz eigentlicher Weise eignen sollte.

Obwohl sich die transmaterielle Welt der Metaphysik dem menschlichen Zugriff entzieht, weiß sich der *Hinterwelter* in seiner Unfehlbarkeit dazu berufen, als Verwalter und Vermittler des Göttlichen zu fungieren. Gott zu definieren, ist einerseits Ausdruck einer geistigen Minderwertigkeit und andererseits eine offenkundige Form des Atheismus, denn fürs eine gilt der Satz von Ludwig Wittgenstein »Worüber man nichts sagen kann, soll man schweigen«, und für das andere läßt sich die alte Weisheit geltend machen: Wer Gott geschaut, der schweigt, d. h. nur derjenige, der ihn nicht kennt, spricht von ihm.

Wer daher im Stil der *HW* zwischen Suppe und Beilage von Gott spricht und ihn mit derselben Überzeugtheit mit Attributen ausstattet, wie man einen Käfer beschreibt, der beweist, daß er weder vom Gottesproblem erschüttert worden ist, noch sich darum bemüht hat. Ohne Übertreibung kann gesagt werden, daß dort der schlimmste Atheismus blüht, wo Gott mit Syllogismen bewiesen und

Gottesdienst als Götzendienst begriffen wird. Aus dem nämlichen Grund ist der Tempelkult der *HW* als Atheismus zu bezeichnen, und der Ausspruch des Schriftstellers und praktizierenden Katholiken Mauriac muß als ein weises Bekenntnis gewertet werden, wenn er stolz verkündet: »Ich bin Katholik, aber Atheist«.

Als Nietzsche sagte: »Gott ist tot«, so meinte er in erster Linie: »Der Gott der *HW* ist tot«, denn seine »atheistischen« und »antichristlichen« Attacken richteten sich primär gegen jenes Gottesbild, in dem sich der Frevelmut einer düsteren *HW* widerspiegelt.

Dieses Gottesbild der *HW* ist eine simple Projektion ihres Alpha-Tieres, d. h. das Obertier der Vorzeit, bzw. der monarchistische *pater familias* der Jetztzeit wurde über die Wolken projiziert, verabsolutiert und ein wenig abstrahiert. Der Gott der *HW* ist in seiner Funktion als metaphysische Zuchtrute oberster Richter, daneben spielt er die Rolle des obersten Finanzministers, denn nicht wenige Geldstücke haben das Wort »deus« eingeprägt, oder die Rolle des obersten Grundstückmaklers, der jedem Volk und jeder Subkultur ein Areal zuweist, und natürlich immer die Rolle des obersten Kriegsministers, der zu Mord und Totschlag bläst.

Daß die Kirche selbst davor nicht zurückscheute, Gott als Söldnergeneral zu interpretieren, beweist die atheistische Grundhaltung dieser Institution. Wenn man die Unzahl frommer Reden analysiert, in denen Gott in die Rolle eines Clowns gepreßt wird, so kommt man nicht umhin, die Theologie der *HW* als eine permanente Gotteslästerung zu bezeichnen. Egal, ob er dazu herhalten muß, menschliches Fehlverhalten zu entschuldigen oder um als physikalischer Lückenbüßer mißbraucht zu werden, indem man ihn ab und zu eine Mutation ausführen läßt, immer ist die gleiche *metaphysische Arroganz* am Werk, für welche die Formel gilt: Gotteslästerung und *HW* gehören zusammen wie Karneval und Amtskirche.

Als der Dominikanermönch Bruno den Versuch unternommen hatte, das Gottesbild des Pöbels zu modifizieren, hat ihm die *HW* am 17. Februar 1600 auf einem Platz in Rom den Scheiterhaufen errichtet. Bruno wurde darauf gebunden und verbrannt. Als man ihm das Kruzifix vorhielt, wandte er sich mit bitterer Miene ab. Von dem Sterbenden war kein Schrei zu vernehmen. So starb ein Mann, dessen Theologie zu den erschütterndsten Entwürfen einer existentiell errungenen Gottesmetaphysik zählt und deshalb den Haß einer atheistischen *HW* aktiviert hat.

Ähnlich war es Anaxagoras im alten Athen ergangen, der sich nur durch Flucht seiner Verurteilung entziehen konnte. Er war der Asebie angeklagt worden, weil seine rationale Naturerklärung die herkömmliche Göttervorstellung zu erschüttern drohte; hatte er doch die Sonne als einen glühenden Steinhaufen definiert, dem kein göttliches Numen eigne.

Im Anschluß an diese Gedanken scheint eine prinzipielle Stellungnahme zur Theologie gerechtfertigt zu sein. Ohne einen Agnostizismus zu predigen, muß darauf hingewiesen werden, daß die Sprache des Menschen nicht fähig ist, das Wesen Gottes zu verbalisieren. Deshalb ist jedes Wort, das über die Aussage »ER ist« hinausgeht, ein zuviel. Weil aber das Personalpronomen *ER* die Behauptung einschließt, daß Gott ein geschlechtliches Wesen ist, sollte auch diese Aussage von einer konsequenten Theologie gemieden werden. (Daß Gott im allgemeinen als Maskulinum angesehen wird, bestätigt die These von der Projektion des Alpha-Tieres, da dieses in den meisten Kulturen ein männliches Wesen ist.)

Es bleibt also als einzige sachliche Aussage, zu der eine

Theologie befähigt ist, das Wörtchen *ist* übrig. Diese Weisheit verbirgt sich hinter dem schlichten Satz des Alten Testaments: »Ich bin, der ich bin.«

In der Alltagssprache ist das Auxiliar *sein* ohne Aussagewert, es bedarf daher immer eines Prädikatsnomens, um ein vollwertiges Prädikat zu bilden. In der Sprache der Theologie aber ist das Sätzchen *Gott ist* die einzige und maximale Aussage, zu der der Mensch fähig ist. Jedes weitere Wort ist ein Zuviel, jede weitere Präzisierung ist ein Unding. Wer dennoch glaubt, diese maximale Aussage mit anthropomorphen Prädikatsnomina erweitern zu müssen, darf sich nicht wundern, wenn man ihn des Atheismus' zeiht. In der Formel *Gott ist* trägt das neutrale Wörtchen *sein* eine semantische Ladung, die über die Bedeutung des Existierens hinaus nur jener versteht, der mit der Demut der sokratischen Weisheit einzusehen gelernt hat. Daß sich diese Andacht nicht verbalisieren läßt, weiß jeder, der die Tiefe des Schweigens kennt.

Schon Xenophanes hat in seinen Sillen den Anthropomorphismus der hinterweltlerischen Theologie kritisiert, wenn er sagt: »Homer und Hesiod haben den Göttern alles angehängt, was nur bei Menschen Schimpf und Tadel ist: Stehlen und Ehebrechen und einander Betrügen.« Und noch präziser: »Die Äthioper behaupten, ihre Götter seien stumpfnasig und schwarz, die Thraker, blauäugig und rothaarig.« Wohl am bekanntesten ist sein Ausspruch, daß die Rosse roßähnliche und die Ochsen ochsenähnliche Göttergestalten malen würden, wenn sie Hände hätten und malen könnten.

Der Hinweis, die Plebs brauche konkrete und vermenschlichte Medien, scheint nur eine Ausrede der *HW* zu sein, um ihr theologisches Fehlverhalten zu rechtfertigen. Außerdem ist die moralische Devise, der Zweck heilige die Mittel, nicht nur fragwürdig, sondern schon immer das

Grundrezept jeder *HW* gewesen, um ihre Fehlleistungen zu rationalisieren.

Eine bedenkliche Fehlleistung der Trivialreligion ist auch der Versuch, die aristotelischen »Gottesbeweise« in Vulgarismen umzusetzen. In bekannt-naiver Weise macht Werner Heisenberg in seinem Buch *»Der Teil und das Ganze«* den Versuch, das göttliche Prinzip im Stil der klerikalen Trivialliteratur zu retten: »Die Tatsache, daß nach jedem Winter doch wieder Blumen blühen und daß nach jedem Krieg die Städte wieder aufgebaut werden, daß also Chaotisches sich immer wieder in Geordnetes verwandelt«, beweise, daß »sich die zentrale Ordnung doch wohl immer durchsetzt.«

Mit dem Hinweis, daß am Himmelszelt unzählige Sternlein glühen oder im Wiesengrunde Blümlein blühen, ist selbst dann nichts gewonnen, wenn diese Informationen des Mikro- und Makrokosmos in abstrakten Formeln wiederkehren. Relevant, weil nicht mehr schlüssig, ist allenfalls der ontologische Aspekt jener Gleichung, wie sie Anseln von Canterburry formuliert hat. In dieser Phase der Andacht aber versagt die Einsicht des *common sense* und muß einer Weise des Verstehens weichen, die über das Verstehen hinaus das versteht, das zu verbalisieren nicht gelingt.

Zu wissen, was man nicht wissen kann, und nicht zu wissen, was man wissen kann, charakterisiert die geistige Situation der *HW*. Daraus folgt, daß Wesensfragen, für deren Lösung der menschliche Horizont nicht hinreicht, im Stil von Kalendersprüchen und Dörperreimen beantwortet werden, während rational durchleuchtbare Probleme verdunkelt und vernebelt werden. Wer glaubt, das ontische Geheimnis mit simplen Schablonen lösen zu können, ist entweder schlecht beraten oder fühlt sich mit der *HW* solidarisch. Der *Hinterweltler* als Buchhalter der

Metaphysik (im weitesten Sinn) maßt sich an, in auserwählter Mission mit der transmateriellen Welt in Verbindung zu stehen. Aus dem Irrglauben, permanent in einer Welt der Hinterwelt zu wandeln, erwächst jene Blindheit, die den Blick für das Wesentliche als auch für das Naheliegende und Zuhandene stört.

Indem sie die wissenschaftlich aufdeckbaren Strukturen des Menschen und der Welt verschleiert und mystifiziert, übersieht und verwässert die *HW* die fundamentale Frage nach dem Grunde allen Seins, in der Weise, daß sie dieses essentielle Problem mit trivialen Formeln vom Tisch zu fegen sich anmaßt. Deshalb kann die *HW* keine Ehrfurcht vor dem *Mysterium entis* empfinden, da sie im Unvermögen, dorthin vorzudringen, bereits im Mythos der Vorderwelt erstickt. Es wurde bereits darauf hingewiesen, daß es absolut nicht selten ist, *wie* sich Seiendes dem Menschen darbietet, daß aber die Tatsache, daß überhaupt *etwas* ist, jedes denkende Individuum in maßloses Erstaunen versetzt.

Die Struktur der Welt zu erhellen, ihr Aussehen zu beschreiben und ihre Gesetzlichkeit zu erfassen, bemüht sich die Wissenschaft. Die Frage *Wie ist und funktioniert die Welt?* kann von der empirischen Forschung mit zunehmendem Einsatz überzeugender beantwortet werden, doch die Frage *Warum ist überhaupt etwas und nicht vielmehr nichts?* entzieht sich dem rationalen Zugriff des forschenden Geistes. Diese Frage beantworten zu wollen, hat sich bisher noch kein Wissenschaftler von Format angemaßt.

Obwohl die Aufgaben und Möglichkeiten der Denkindustrie klar umrissen sind, negieren die Massen der wissenschaftsfeindlichen *HW* diese Tatsache, indem sie das *Wie?* mystifizieren und das *Warum?* simplifizieren. So steuern zwar geheimnisvolle Erbströme das Verhalten des Menschen, dafür hängt ein lieber Gott am Kreuz inmitten einer Schar fröhlich zechender Patrioten; so bestimmen zwar seltsame Konfigurationen am Firmament die Geschicke des Menschen und seiner Welt, dafür ist der Grund dieser Welt einsichtig etc. Stets hat die *HW* unrevidierte Formeln zur Hand, wo einerseits der empirische Forschergeist und andererseits ein schweigendes Staunen am Platze wären.

Genauso wie die *HW* in unreflektierter Hybris die Frage nach dem Absoluten mit simplen Formeln vom Tisch fegt, pflegt sie jeder Lebenslage mit einer vorfabrizierten Meinung kritiklos zu begegnen und die Probleme des Daseins mit einem vorprogrammierten Raster ungeprüft zu filtern. Ethische Konflikte werden grundsätzlich mit der *axiologischen Primitivität* starrer Moralcodices bereinigt, religiöse Fragen werden mit dem Katechismus gelöst, die Verhaltensmuster insgesamt sind vom *kategorischen Imperativ* des kollektiven Nonsens geprägt etc.

Da die *HW* ihre Denk- und Verhaltensmuster zu irreversiblen Gültigkeiten verabsolutiert hat, dünkt es ihr als ein überflüssiges Unterfangen, ihre Ideologie einer kritischen Kontrolle zu unterziehen. Selbst die trivialen »Weisheiten« der Sprichwörter und die Leerformeln ihrer Kulturklischees erachtet sie als ein relevantes Verhaltensregulativ, dessen stereotype Schablone zum Ausdruck einer magischen Wahrheit geworden ist. Mit der Selbstverständlichkeit arroganter Blindheit verwaltet die *HW* den Hort ihrer Vorurteile, Dogmen und stupiden Gültigkeiten, die ihren kulturellen Horizont begrenzen, ohne dieses tradierte Gut vor den Richtertuhl des Zweifels und der Kritik zu stellen.

Im Irrglauben, man könne ein Ding nur unter einem, und zwar dem eigenen und gewohnten Aspekt betrachten, potenziert sich in der Konfrontation mit dem anderen die

Energie des Zorns, der bei der *HW* schnell in Haß erstarrt. In diesem Fall enthüllt sie ihr faschistisches Antlitz, denn eines ihrer probaten Wundermittel lautet, zwischenmenschliche Konflikte mit Gewalt und dem Recht des Stärkeren zu lösen. Indem sie ihre Dummheit in Bosheit umfunktioniert, neurotisiert die *HW* ihr Verhalten und versperrt sich selbst den Zugang zur Welt, der nur einem weltoffenen Bewußtsein erreichbar wird. Weltoffenheit aber und *metaphysische Arroganz* schließen sich gegenseitig aus. Erst wenn diese abgebaut wird, leert sich der Katalog der Verhaltensstörungen, welche im *Steckbrief der Hinterwelt* aufscheinen.

Ein Mensch nämlich, der die Grenzen seiner Existenz kennt und sich selbst mit sokratischer Ironie immer wieder in Frage stellt, bleibt davor bewahrt, sich und seine Gruppe zu verabsolutieren, sich bis zur Exzessivität an Blut und Boden zu binden, sich in einem Monopolismus abzukapseln, sich unter dem Druck stupider Dogmen zu verhalten, Dummheit in Bosheit umzusetzen etc. Er hat dann die nötige Distanz, aus welcher Sicht all das fraglich wird, was den Totalitätscharakter der *HW* bestimmt. Dann tritt an die Stelle satten Behagens ein kritischer Zweifel, an die Stelle des Vorurteils die klärende Frage und an die Stelle exzessiver Loyalität das reflektierende Abwägen.

Einen eminent wichtigen Beitrag zur Entwicklung geistig mündiger Menschen könnte der Philosophie- und Psychologieunterricht leisten, indem er den Schüler zur Selbstbesinnung anleitet und jenes kritisch-positive Denkfeld entwirft, in dessen Grenzen sich die weitere geistige Entwicklung des abgehenden Abiturienten in autonomer Weise ereignet. Hauptziel dieses Reifeprozesses wäre es, den jungen Menschen vor *axiologischer Primitivität* und *metaphysischer Arroganz* zu bewahren, wie sie *Hinter-*

weltlern und Pharisäern eigen sind, ihm den Blick für die Beschränktheit des menschlichen Erkenntnisvermögens und für die Relativität aller Denk- und Verhaltensnormen zu öffnen und im Sinne des sokratischen Unwissens ein von Vorurteilen freies und von ideologischen Einflüssen befreites Denken zu schulen.

Aus methodologischen Gründen scheint es unerläßlich zu sein, der Diskussion philosophischer Fragen eine mindest einjährige psychologische Propädeutik vorauszuschicken. Diese psychologische Einführung sollte folgende drei Problemkreise zum Thema haben:

1. Wo steht der Mensch? (Einführung in die ethologische und phylogenetische Forschung)
2. Was leistet der Mensch? (Einführung in die kybernetische und informationstheoretisch orientierte Psychologie)
3. Wie agiert der Mensch? (Einführung in die Motivationspsychologie im Sinne des Behaviorismus)

Die Analyse des Menschen und seines Verhaltens im Sinne der modernen Psychologie bewahrt den jungen Menschen vor falschen Illusionen, bzw. ideologischen Defekten und verhindert eine fatale Programmierung der Intelligenz, die für die anschließende Diskussion philosophischer Grundfragen, bzw. für die weitere geistige Entwicklung frei, weltoffen und kritisch sein muß.

Erst wenn eine effektive Bildungspolitik jede Form von *metaphysischer Arroganz* aus dem Bewußtsein der Schüler gebannt haben wird, wird eine ganze Generation, deren Intelligenz von keinem chauvinistischen Lernprogramm verbildet worden ist, der *HW* die Gefolgschaft kündigen und den Schritt in die Helle einer aufgeklärten Welt wagen.

Wir schließen die Ausführungen mit dem Hinweis, daß thematisch motivierte Übertreibungen und Spitzen mitunter die Aussagen aufzuheben scheinen, bzw. das negieren, was postuliert worden ist. Die Paradoxie des Stils soll aber nicht über die primären Tendenzen hinwegtäuschen, auch dann nicht, wenn diese z. T. bis zum Utopismus oder zur »Humanitätsduselei« entfremdet worden sind. Daß viele Gedanken Splitter geblieben sind, liegt in der Natur der Thematik, die weder in praktischer noch in theoretischer Hinsicht Anspruch auf Vollständigkeit erheben kann. Wollte man die zehn markanten Verhaltensstörungen der *HW* erschöpfend mit Beispielen belegen, wäre ein Ende ebenso wenig abzusehen, wie wenn man versuchen wollte, alle angeschnittenen Probleme und Theoreme von der abstrakten Darstellung zu lösen und sie einer breiten Erörterung zuzuführen.

Der Steckbrief der Hinterwelt bleibt ein rudimentäres Mosaik, das nicht durch die Glätte des Bildes überzeugen will, sondern die Räume zwischen den einzelnen Steinen bewußt unverkittet belassen hat, um den Leser mit der Mühe des Assoziierens zu betrauen, wobei die Impressionen des Details und nicht die Expression einer geschlossenen Summe den entscheidenden Denkprozeß aktivieren soll. Die vielen Argumente und Beispiele, die ungesagt blieben, mag jeder selbsthinzufügen; wir lieferten das Skelett, der Leser möge es mit dem spezifischen Erfahrungsmaterial seines Kulturkreises füllen.

Anhang

Daß zuerst das satte Behagen der *HW* abgebaut werden muß, weiß auch U Thant als die primärste Voraussetzung einer globalen Konfliktentspannung. Deshalb sagte er am *Tag der UNO* in seiner Rede, in der er ein düsteres Bild der heutigen Weltlage zeichnete, daß jede Lösung der großen Herausforderungen »am unglaublich kurzsichtigen Egoismus, an der Selbstgefälligkeit und Gleichgültigkeit« der Menschen scheitere.

Die Analyse des Gegebenen ist in der Tat nicht ermutigend. Verbindet man mit dieser heutigen Situation die Thematik der Zukunftsentwicklung, so muß festgestellt werden, daß das Leben für unsere Enkel nur dann lebenswert sein wird, wenn bereits *heute* als die dringendste Aufgabe erkannt wird, daß es gilt, dem weltweiten Bildungsnotstand zu begegnen. Der Entwurf eines *globalen Bildungsprogramms* verbunden mit einer neuen und attraktiven *Bildungsidee* scheint die wichtigste und bedeutenste Aufgabe unserer Zeit zu sein. Um ein globales Bildungsprogramm zu entwickeln, das den weltweiten Bildungsnotstand abbauen hilft, muß zuerst eine ideelle Basis geschaffen werden, ohne die jedes Programm auf die Dauer zum Scheitern verurteilt wäre.

Nicht ohne Grund läßt Karl Steinbuch sein Buch *»Pro-*

gramm 2000« mit dem programmatischen Satz ausklingen: »Unser Bildungsnotstand ist das Fehlen einer Bildungsideologie.« Jede Bildungspolitik braucht ein ideelles Konzept, braucht begeisternde Ziele und faszinierende Aufgaben, will sie nicht hoffnungslos mittelmäßig werden. Wenn diese Faszination fehlt, so wird die Mobilmachung jener Kräfte nicht gelingen, die es dringender denn je zu aktivieren gilt. Im amerikanischen Bildungssystem war diese Faszination vor allem in der Weltraumfahrt verankert und im russischen Bildungskonzept in der gesunden Ambition, Amerika einzuholen.

Das heißt aber nicht, daß Mittel- und Kleinstaaten von vorneherein zur geistigen Apathie verurteilt wären, zumal die Bildungsmotivationen der beiden Supermächte weder die einzigen, noch die effektivsten sind. Aus der Fragestellung, wie Naturwissenschaft und Technik dazu beitragen könnten, das Leben des Menschen humaner und lebenswerter zu gestalten, ergeben sich eine große Zahl von Aufgaben, die schon im frühen Stadium des Lernprozesses im Schüler den Wunsch verspüren lassen, seinen *Beitrag zur Humanisierung des Lebens* zu leisten. Falls sich eine solche Fragestellung zu einem ideellen Muster umformulieren ließe, käme es nur darauf an, eine solche Ideologie jedem Bildungsprogramm und -system vorbehaltlos überzuordnen. Jedes Bemühen, das Leben der Menschen zu humanisieren, setzt den Willen voraus, *das Verhältnis von Mensch zu Mensch als Idee und als soziale Form zu verbessern.*

Diese beiden Ziele implizieren einen theoretischen und einen praktischen Aspekt: 1. der theoretische Aspekt — Verbesserung der Beziehung von Mensch zu Mensch als einer Idee — müßte die Basis einer neuen Bildungsideologie bilden, während 2. der praktische Aspekt — Verbesserung des Verhältnisses von Mensch zu Mensch als

einer sozialen Form — die Grundlage für die Schwerpunkte eines neuen Bildungsprogramms bilden sollte.
Die zwischenmenschliche Beziehung als soziale Form zu verbessern, setzt eine weitere Kybernetisierung und Technisierung des Lebens voraus. Aus dieser Erkenntnis sind die Richtlinien für jedes Bildungssystem klar abzuleiten. Daß die Technik ein Urhumanum darstellt, ist bis heute nur vereinzelt in das Bewußtsein der *HW* gedrungen. Wo immer die Archäologie oder Paläologie Zeugnisse menschlichen Lebens sichern, dort finden sie auch Instrumente und Geräte, mit deren Hilfe der Mensch seinen Daseinskampf bestand. Die Evolution des menschlichen Lebens ist von drei technischen Revolutionen gekennzeichnet:
1) Der *homo sapiens* erfindet einfache Werkzeuge, um seine angeborenen Apparaturen künstlich zu verstärken. Anstelle der Zähne benutzt er ein Messer, anstelle der Faust einen Hammer, anstelle der Finger eine Zange etc. Diese erste technische Revolution gipfelt in der Erfindung des Rades.
2) Der *homo sapiens* entdeckt die Möglichkeit des Energieumsatzes. Zuerst nutzt er die Kraft des Windes und des fließenden Wassers, schließlich wertet er den Druck des Dampfes aus und spät macht er sich die Kernenergie untertan.
3) Der *homo sapiens* entwickelt das »Denkzeug«, um seine angeborenen mentalen Fähigkeiten künstlich zu verstärken. Dieser Nachrichtenumsatz führt ihn in die Welt der Kybernetik, deren Möglichkeiten erst minimal ausgeschöpft sind. Diese dritte technische Revolution scheint mit Abstand die bedeutenste zu sein, denn erst durch sie beginnt der *homo sapiens,* sein eigenes Wesen rational zu verstehen. Ferner eröffnet sich ihm die Möglichkeit, Maschinen zu konstruieren, die sein eigenes Verhalten simulieren. Damit kommt er mehr und mehr in die Lage, alle

Tätigkeiten, die das Leben nicht wesenhaft bereichern, maschinellen Sklaven und Dienern zu übertragen.
Jeder echte Humanismus kann erst dann beginnen, wenn die Maschine den Menschen in der Produktion jener materieller Werte ersetzt, welche dem Überleben dienen, und wenn der Mensch frei wird für die Produktion jener ideellen Werte, die man zwar zum Überleben nicht braucht, ohne die aber das Leben nicht lebenswert ist. Der Weg zu diesem utopischen Zustand ist noch weit. Es lohnt aber durchaus, ihn zu verkürzen, indem die weltweite Intelligenz die technischen Voraussetzungen schafft und schon heute an die Bildungsaufgaben von morgen denkt.
Wenn die Kybernetisierung alle Bereiche des Lebens erfaßt haben wird, verbessert sich automatisch das Verhältnis von Mensch zu Mensch als soziale Form: Klassenunterschiede beginnen sich aufzuheben, die Hungerspest wird schwinden, der Lebensprozeß wird kontrolliert und überschaubar etc. Durch die Meliorisierung der menschlichen Existenz ergeben sich neue Voraussetzungen für den Entwurf neuer sozialer Modelle, die realisierbar und human sind. Die traditionellen marxistischen Probleme aber werden sich von alleine überleben, wenn die Menschen mit dem Lebensnotwendigen versorgt sind.
Auch der Einfluß von affektiven Mythologemen und die politischen Ideologien, die das Zusammenleben der Menschen selten begünstigen, werden in einer kybernetisierten Welt zum Aussterben verurteilt sein. Mit einem Wort: Die Macht der *HW* schwindet. Diese Aussicht scheint Anreiz genug zu sein, eine Bildungsideologie und ein Bildungsprogramm, die der Welt von Morgen gewachsen sein müssen, erstellen zu können. Ein Bildungssystem aber, das mit Hilfe von Naturwissenschaft und Technik das Leben zu humanisieren verspricht und den Antihumanismus der *HW* zu beseitigen hilft, scheint faszinierend

genug zu sein, für diese Aufgabe die weltweite Unterstützung der Jugend zu finden. Zu Unrecht glaubt man allgemein, daß eine Verbesserung der zwischenmenschlichen Beziehungen und eine Sättigung der materiellen Bedürfnisse ein statisches Weltbild zur Folge hätten. Die Polemologie weiß, daß die Dynamik des Aggressionstriebes im Menschen niemals erstirbt, auch dann nicht, wenn der Mensch in Frieden und Wohlstand lebt.

Wenn nun aber die Konflikte und Auseinandersetzungen auf geistig-ideeller Basis (wie im Wettkampf um die Eroberung des Weltalls) ausgefochten werden, anstatt in sinnloser Destruktion zu entarten, so hat auch der Wohlstandsbürger der kybernetischen Welt genügend Möglichkeiten, sich voll zu engagieren und in einem geistigen Dialog das weitere Lebensgeschehen vorzubereiten, indem er etwa (als Verhaltensforscher) neue Kulturformen entwirft, die sowohl dem animalischen Sein im Menschen entsprechen, als auch sein Leben und Mitleben erleichtern, bzw. bereichern. Werden alle kreativen Energien dieser Welt von einer globalen Bildungsidee aktiviert, so kann sich nie ein statisches, der *HW* genehmes Weltbild etablieren, auch dann nicht, wenn einmal der Mensch seine Intelligenz und Kräfte nicht mehr zum bloßen Überleben vergeuden muß.

Freilich darf eine neue Bildungsideologie — und sollte sie noch so gut sein — nicht dazu führen, daß sie eine *HW* der Progressiven züchtet, die mit der gleichen Intoleranz für ihr Weltbild eintritt, wie es die *HW* der Regressiven tut. Diese Gefahr besteht in dem Augenblick, da eine neue Idee von bestimmten politischen Gruppen aufgegriffen wird oder einen quasi-religiösen Charakter annimmt. Dann ist auch im Verhalten der Progressiven jene neurotische Fehlanpassung zu diagnostizieren, wie sie im *Steckbrief der Hinterwelt* aufscheint. Solche hinterweltlerischen Fehlanpassungen können ohne Mühe am Verhalten organisierter Linksintellektueller beobachtet werden, die bei allem Respekt vor ihren Zielen eine Intoleranz an den Tag legen, die nur der düsteren *HW* eigen ist.

Echte Progression heißt Fortschritt, Aufbruch, Wanderung; heißt Abschied nehmen von Gewohnheiten und starren Mustern, heißt aber auch, sich selbst in Frage stellen zu können und zum Andern hinzufinden. Echte Progression setzt jene sokratische Weisheit voraus, die von jeder *metaphysischen Arroganz* abstrahiert und zur permanenten Suche bereit ist. Sie verweilt, ohne zu erstarren, und schreitet fort, ohne ihre Bindungen zu mystizieren. Echte Progression findet sich in diesem Sinn in keiner *HW*, sie findet sich nur bei diesen Menschen, die Herbert Meier in seiner Broschüre *»Manifest und Reden«* mit folgender Formel charakterisiert: »Der neue Mensch steht weder rechts noch links — er geht.«

Literaturverzeichnis

Albert, Hans: *Traktat über kritische Vernunft* (Mohr) Tübingen 1968

Böckenförde, Ernst-Wolfgang: *Die Rechtsauffassung im kommunistischen Staat* (Kösel) München 1968

Chomsky, Noam: *Amerika und die neuen Mandarine* (Suhrkamp) Frankfurt 1970

Deschner, Karlheinz: *Abermals krähte der Hahn.* Eine kritische Kirchengeschichte von den Anfängen bis Pius XII (Günther) Stuttgart 1962

Kirche und Faschismus (Jugenddienst) Wuppertal 1970

Desmond, Morris: *Der nackte Affe* (Droemer-Knaur) München—Zürich 1968

Devlin, Bernadette: *Irland, Religionskrieg oder Klassenkampf?* rororo 1282

Dichter, Ernest: *Strategie im Reich der Wünsche* (Econ) Düsseldorf 1961

Doerdelmann, Bernhard (Hrsg.): *Minderheiten in der Bundesrepublik* (Delp) München 1970

Eibl-Eibesfeldt, Irenäus: *Liebe und Haß.* Zur Naturgeschichte elementarer Verhaltensweisen (Piper) München 1970

Fabian, Rainer: *Idole in unserer Zeit,* Herder-Bücherei Bd. 280

Frank, Fritz: *APO und Establishment aus biologischer Sicht* (Stalling) Oldenburg—Hamburg 1969

Gehlen, Arnold: *Moral und Hypermoral.* Eine pluralistische Ethik (Athenäum) Frankfurt a. M. 1969

Gradmann, Hans: *Menschsein ohne Illusionen.* Die Aussöhnung mit den Naturgesetzen (Ernst Reinhardt) München—Basel 1970

Halbfas, Hubertus: *Heute würde Jesus in der Kirche als Störenfried gehaßt.* Der Spiegel, Nr. 27/1970

Hass, Hans: *Wir Menschen.* Das Geheimnis unseres Verhaltens (Molden) Wien—Frankfurt—Zürich 1968

Heer, Friedrich: *Gottes erste Liebe.* 2000 Jahre Judentum und Christentum (Bechtle) München 1967

Heisenberg, Werner: *Der Teil und das Ganze.* Gespräche im Umkreis der Atomphysik (Piper) München 1969

Helms, Hans Georg: *Fetisch Revolution.* Marxismus in der Bundesrepublik (Luchterhand) Soziolog. Texte 69, Neuwied—Berlin 1970

Holzschuher, Ludwig: *Psychologische Grundlagen der Werbung* (Girardet) Essen 1957

Jacobi, Claus: *Die menschliche Springflut* (Ullstein) Wien—Berlin 1969
Jermář, Jaromir: *Heimat, ein »deutsches« Problem?* (Orbis) Prag 1966
Jungk, Robert: *Die Zukunft hat schon begonnen* (Scherz) Bern—Stuttgart—Wien 1961
Kinsey, Alfred Charles: *Das sexuelle Verhalten des Mannes*, Fischer-Bücherei 1105
— Das sexuelle Verhalten der Frau, Fischer-Bücherei 1104
Koestler, Arthur: *Diesseits von Gut und Böse* (Scherz) Bern—München—Wien 1965
— *Das Gespenst in der Maschine* (Molden) Wien—München—Zürich 1968
Lorenz, Konrad: *Das sogenannte Böse.* Zur Naturgeschichte der Aggression (Borotha-Schoeler) Wien 1963
Marcuse, Herbert: *Der eindimensionale Mensch.* Studien zur Ideologie der fortgeschrittenen Industriegesellschaft (Luchterhand) Soziolog. Texte 40, Neuwied—Berlin 1967
Mead, Margaret: *Mann und Frau.* Das Verhältnis der Geschlechter in einer sich wandelnden Welt, rde 69/70
Meier, Herbert: *Manifest und Reden* (Flamberg) Zürich 1969
Mitscherlich, Alexander: *Die Idee des Friedens und die menschliche Aggressivität* (Suhrkamp) Frankfurt 1969
Paccard, Vance: *Die geheimen Verführer.* Der Griff nach dem Unterbewußten in jedermann, Ullstein-Bücherei 402
Plack, Arno: *Die Gesellschaft und das Böse.* Eine Kritik der herrschenden Moral (List) München 1967
Reich, Wilhelm: *Die sexuelle Revolution.* Zur charakterlichen Selbststeuerung des Menschen (EVA) Frankfurt 1969
Sartory, Thomas-Reidick, Gertrude: *In der Hölle brennt kein Feuer* (Kindler) München 1968
Schelsky, Helmut: *Soziologie der Sexualität*, rde 2
Schwenger, Hannes: *Antisexuelle Propaganda.* Sexualpolitik in der Kirche, rororo sexologie 8020
Steinbuch, Karl: *Automat und Mensch* (Springer) Berlin 1969[3]
— *Falsch programmiert* (DVA) Stuttgart 1968
— *Programm 2000.* Die konstruktive Ergänzung zu *Falsch programmiert* — ein provokativer Aufruf zur Umorientierung (DVA) Stuttgart 1970
Stoltenberg, Gerhard: *Staat und Wissenschaft*, Zukunftsaufgaben der Wissenschafts- und Bildungspolitik (Seewald) Stuttgart 1969
Wickler, Wolfgang: *Sind wir Sünder?* Naturgesetze der Ehe (Droemer) München 1969
Wiener, Norbert: *Kybernetik.* Regelung und Nachrichtenübertragung im Lebewesen und in der Maschine (Econ) Düsseldorf—Wien 1963[2]
Wittgenstein, Ludwig: *Tractatus logico-philosophicus* (Suhrkamp) Frankfurt 1969
Aktuelle Informationen verdanken wir auch dem deutschen Nachrichtenmagazin *Der Spiegel*